国网江苏营销培训系列教材

Electric Power Marketing Services Based on "Internet Plus"

“互联网+”电力营销服务

仇成群　胡天云　主编

上海财经大学出版社

图书在版编目(CIP)数据

"互联网+"电力营销服务/仇成群,胡天云主编.
—上海:上海财经大学出版社,2018.3
(国网江苏营销培训系列教材)
ISBN 978-7-5642-2956-6/F·2956

Ⅰ.①互… Ⅱ.①仇… ②胡… Ⅲ.①电力工业-工业企业管理-营销服务-中国-技术培训-教材 Ⅳ.①F426.61

中国版本图书馆 CIP 数据核字(2018)第 027108 号

责任编辑: 王永长
封面设计: 张克瑶

"HULIANWANG+" DIANLI YINGXIAO FUWU

"互联网+"电力营销服务

国网江苏营销培训系列教材

著 作 者: 仇成群　胡天云 主编
出版发行: 上海财经大学出版社有限公司
地　　址: 上海市中山北一路 369 号(邮编 200083)
网　　址: http://www.sufep.com
经　　销: 全国新华书店
印刷装订: 上海华教印务有限公司
开　　本: 710mm×1000mm　1/16
印　　张: 9.5
字　　数: 155 千字
版　　次: 2018 年 3 月第 1 版
印　　次: 2018 年 3 月第 1 次印刷
定　　价: 39.00 元

国网江苏营销培训系列教材

编 委 会

本书编写组

主　　编：仇成群　胡天云

参编人员：卞环宇　陈蓓蕾　陈　杰　黄冬霞
（按姓名拼音顺序排列）
李　婧　钱东波　沈法华　施文娟
唐　梅　童巧英　魏　鸿　王洪胜
王　荣　王晓华　谢海青　夏玉宁
朱成云　周殿凤　张　丽　朱丽娟
赵广成　张　旭　张　萱

总 序

中国电力行业正面临着深刻的宏观环境变化。新时代中国电力行业发展呈现出电力供应宽松化、电力交易市场化、电力生产和消费绿色化的特征。

首先，中国电力供应总体上呈现过剩的态势。自 2012 年以来，中国经济结束了高速增长的时代，经济增速放缓至 8%以下。2014 年，中央政府对中国的经济形势做出了准确判断，认为中国经济发展处于经济增长速度换挡期、结构调整阵痛期、前期刺激政策消化期的三期叠加时期，并提出了中国经济发展新常态的概念。伴随着经济发展进入新常态，中国电力需求增速也随之降低。2012 年全社会用电量增速放缓至 5.9%，6 000 千瓦及以上电厂发电设备利用小时出现下降；到 2016 年 6 000 千瓦及以上电厂发电设备利用小时仅为 3 785 小时；发电企业出现大面积亏损。

其次，电力市场化改革进入实质性阶段，2015 年 3 月 15 日《中共中央国务院关于进一步深化电力体制改革的若干意见》(中发〔2015〕9 号)下发，标志着新一轮电力体制改革的开启。新电改按照“管住中间、放开两头”的体制架构，实行“三放开，一独立，三强化”。随之各省改革试点方案密集出台，售电公司如雨后春笋般涌现。据不完全统计，截至 2017 年底全国各地成立的售电公司上万家，其中已经公示的有近 3 000 家。大量售电公司参与电力市场交易，供电公司一家独大局面将不复存在。

再次，电力行业开始了低碳绿色转型发展。习近平总书记在十九大报告中指出，必须坚定不移地贯彻创新、协调、绿色、开放、共享的新发展理念，对能源电力走绿色发展道路提出了新要求；国家《电力发展“十三五”规划》等一系列文件，提出要构建全球能源互联网，优化能源电力结构，着力提高能源效率，发展清洁能源等能源电力发展方向。实现能源开发上的清洁替代和能源消费上的电能替代（两个替代），根本上是实现能源结构从以化石能源为主向以清洁能源为主的转变。电力生产和消费的绿色化，既带来了相关新技术应用，又给电力公司带来新业务，如电能替代市场如何开拓、源网荷如何互动等。

电力公司的经营环境发生了深刻变化，原有的电力营销理念、营销模式、营销方法已经不再适宜目前的经营环境和业务。如何对电力公司营销部门员工进行营销技能培训，让其尽快适应新的环境、熟悉新的业务、掌握新的技能，是摆在电力公司人力资源部门面前的一大难题。目前，现有的电力营销教材偏重营销的理论和方法，与实际电力营销一线员工需要掌握的知识和技能不符，因此迫切需要一套有针对性、接地气、强技能的电力营销培训教材，以切实提升电力公司营销部门员工的业务和技能水平，继续保持电力公司在未来市场竞争中的优势。

国网江苏省电力公司盐城供电公司作为国家电网公司的电力营销技能培训单位，站在电力公司未来可持续发展的高度，深刻把握中国电力行业的发展趋势和特征，成立了电力营销系列培训教材编辑委员会，开发电力营销系列培训教材。该系列培训教材包含《电力需求侧管理》《岸电系统》《电动汽车充电桩》《源网荷友好互动》等10本，既包括比较传统的电力营销业务，也包括新出现的电力营销业务。为了保证本电力营销系列培训教材能够适合电力公司营销部门员工实际业务和技能需求，编辑委员会成员利用多年电力营销技能培训经验以及对学员的现实需求，深入调研，确定了“源于现实业务、面向现实需求、紧跟时代趋势、服务营销人员、提升营销技能”的编写原则，并针对教材编写形式、编写大纲、编写内容进行框定。为保证每本书的实用性，编写人员深入浙江、江苏、上海等地的电力公司营销部门，进行实地走访和调研，了解营销业务人员的现实需求，并对大纲进行了修订。此外，在编写过程中，还广泛征求了电力企业营销专家的意见和建议，以确保教材能够满足电力营销人员的需求。

该电力营销系列培训教材以电力营销业务体系进行区分和编写，每本书针对一项营销业务，在业务划分和选取方面广泛征求专家意见，充分考虑了业务之间的典型性和相关性。为了做到教材通俗易懂、深入浅出，每本书的编写以营销业务及其流程为主线，注重实际操作，配有大量的图片，针对业务流程中需要重点关注的问题、难点进行阐述，并提供相应的思考与练习题，供学员巩固学习效果和考核使用。该系列培训教材能够培养电力营销业务人员的业务流程知识和操作技能，理解电力营销业务的内涵，掌握电力营销操作规则，发现并妥善处理电力营销中的疑难问题。编写者具有很高的理论水平和丰富的实践经验，该系列教材能够作为各地电力公司营销培训用书，也可用作科研院所、高校学生和教师的参考书。

华北电力大学　曾鸣教授

2018 年 1 月

前　言

“互联网＋”是当前经济发展的一种新兴模式，是借助于互联网信息化技术实现互联网和传统产业相结合，通过优化生产要素与更新业务体系、改变商业的模式等诸多途径来实现经济转型和升级。“互联网＋”是充分利用互联网的优势，使之与传统产业进行融合创新，使产业结构得到合理优化，提高生产效率和生产水平，最终实现经济发展和社会财富的增加的手段。

而其中符号“＋”意为加号，即意味着增加与补充。这体现了“互联网＋”计划的应用范围是互联网和其他的传统产业。它是针对不同的产业间发展的另一项新的计划。其应用手段则是凭借互联网和传统产业来进行联合与深入融合。另一方面，“互联网＋”作为一个整体概念，是通过传统产业的互联网化完成产业的优化升级。互联网凭借将开放、平等、互动化等网络的特性在传统产业中的运用，凭借对大数据的分析和整合，进而厘清供求关系，凭借改造传统产业的生产方式与产业结构等方面的内容，进而增强经济发展的动力，来提升效益，从而推动国民经济健康有序的发展。

我国政府对“互联网＋”的建设十分重视。在近些年的政府工作报告指出，“要制定‘互联网＋’的行动计划，推动移动的大数据、云计算、物联网技术、移动互联网技术等与现代制造业相结合，推动电子商务、工业互联网与互联网金融的健康发展”。“互联网＋”则是在互联网各个传统的行业，利用信息通信的技术及互联网的平台，将互联网和传统行业实现深度融合，改变我们原有的生产、工作、生活的方式，从而引领创新驱动型发展的“新常态”。

对于拥有着百年历史的电力行业，近年来始终致力于创新发展，正率先实现迈向全球能源互联网与智能电网时代。对此，我国国家电网公司提出，首先要明确创新的方向，要把创业、创新、创造这三个方面作为各项工作的出发点，通过

"三创"来实现创新能力的提升。而互联网正作为这个时代极具特征的高新技术,对如何实现同传统的电力企业相融合,尤其是在电力的营销服务领域上,通过改进创新的运营模式,进而打造新的生态,从而提升各个企业和客户的价值,增加电网企业的净利润,使电网企业变得更加具有活力等一系列方面产生着积极的影响。这值得我们积极探索与实践。因此,"互联网＋"电力营销是每个电网企业的必然选择。

研究"互联网＋"带来的经济形态变化,构建智能化、互动化的用电服务体系,既是适应客户需求变化趋势、推动新型服务模式拓展、提升客户用电服务体验的外在要求,也是电网企业适应和引领新常态,建设坚强智能电网,实现电源、电网和客户资源友好交互和相互协调的内生动力。

目前,电力体制改革正在倒逼"互联网＋"电力营销的服务。并且,随着电力体制改革的深入与推进、电力市场主体上的多元化,使得电网企业有必要积极开展服务模式上的创新和研究,从而满足多变的市场需求,更好地服务于各类市场主体与广大客户。

全球能源的互联需要"互联网＋"电力营销这种模式服务。而能源互联网的发展会带动分布式的能源的广泛接入,使得需求侧响应、能效化服务、能源的保险等新型的电能衍生产品也会陆续地出现。所以,电网企业要充分利用现有存在的业务经验优势以及业务数据的积累,提前研究并且布局拓展服务的形态,从而抢占市场的先机。

技术发展能够推动"互联网＋"电力营销服务的发展。当前,我国互联网的覆盖客户已接近6.5亿户,这为"互联网＋"电力营销的发展提供了十分广阔的空间。以大数据、云计算、物联网为代表的互联网技术与理念,也在最近几十年有了巨大的进步,这些都为电网企业提升营销的策划、丰富客户的画像、实施精准的营销提供了有效的解决方案。

客户需求推进"互联网＋"电力营销的服务。随着经济社会发展,各行业都将在服务体验等方面有所创新,这就使得用电群体对电力服务提出了新的要求。所以,电网企业有必要建立面向市场竞争环境与互联网模式下的新型营销的服务体系,要为电力客户提供较为快捷、流畅、愉悦且兼具个性化的服务,从而赢得客户信任,完美实现企业和客户双赢。

本书重点介绍了"互联网＋"电力营销服务的基本业务与技能。全书共分五章，主要内容包括电力营销业务、互联网环境下电力营销业务报装服务、互联网环境下电能运营管理、互联网环境下电力客户服务和电力消费服务创新与展望。全面介绍了电力市场营销管理的理论和方法，指出了互联网在电力营销服务发展过程中的作用，阐述了电力营销服务与“互联网+”结合的重要意义。本书是从互联网环境下电力营销服务的业务要求出发编写的，可作为电力营销人员培训教材，并可供从事电力系统工作的人员学习培训使用，也可供高等院校相关专业师生学习、参考。

编者

2017年12月18日

目 录

第一章　电力营销业务

电力营销是指在不断发展变化的电力市场中，将电力客户需求放在首位，通过供用电关系，使电力用户能够使用安全、可靠、合格、经济的电力商品，并得到周到、满意的服务。通过对电力营销的理念与问题分析，让用户更好地理解此类营销的优缺点。多年来，供电企业供不应求的"卖方市场"，使电力企业员工形成了不重视用户需求的作风，对用电市场，用户需求，用电潜力没有深入的分析探究；服务意识不够，没有完整的售前、售后服务体系，无法满足用户的电力需求。这制约着电力销售，影响电力市场的正常发育，形成了一个"卖不掉""买不到"和"买不起"并存的充满结构性矛盾的电力销售市场。过去的电力企业存在着以生产为导向的电力营销观念。如今，在市场经济导向下，供电企业需要改变过去的供电管理模式，建立一个以需求为导向并且满足市场需求、适应市场竞争，充满市场活力的市场营销体系和机制。在市场经济导向下，供电企业需要改变过去旧的供电管理模式，建立一个适应市场需求的市场营销体系和机制。电力营销必须在市场的引导下实行管理，而且随着电力体制改革的深入，供电公司的核心业务就是电力营销。电力营销是电力公司一切生产生活的核心。如今，电力市场的营销目的主要是以客户为主，进一步提高供用电效率；营造一个让客户满意的用电环境。

电力营销基本业务有业务扩充、变更用电业务、营业电费、价、能、电计量管理、合同、用电稽查等。其中，业务扩充包括报装接电，即为新装和增容客户办理各种必需的登记手续和一些业务手续。电力营销工作质量的好坏直接影响到电力企业的生存和发展，决定电力企业的市场竞争力。现如今，营销信息系统已经广泛应用于电网企业，而且成为电网企业建设的重点。

网络营销是现代社会在互联网技术、现代通信技术和数字化媒体交互技术发展的基础上实现的现代营销方式，它与人类的生活紧密相连。社会的发展都离不开互联网下的营销模式。网络营销将会是市场营销以后的发展趋势，它主要着力于实现电力系统的软硬件并行发展，让电力营销在市场中占有一席之地。

第一节　电力市场概述

一、电力市场的概念

电力市场是由电力和市场两方面组成的复合型概念。电力市场属于商品市场，是把电力能源这种特殊的物质形态作为商品的市场，可分为广义的电力市场和狭义的电力市场。广义的电力市场是电力行业的整个市场经济环境，目的在于发展市场经济体制下的电力事业，代表着整个电力行业体系；狭义的电力市场是电力行业某个交易环境，是电力商品之间进行交换的一套市场体制，存在不同的模式。

电力市场是通过经济、法律等方法，遵循公平竞争、自愿互利的原则，对电力系统中发电、输电、配电、用户等方面协调运行的管理体制和执行系统的总和。同时，电力市场是一种采用经济手段管理的管理机制，并且，电力市场也是体现这种管理体制的执行系统，包含贸易场所、计量系统、计算机系统和通信系统等。

电力市场由市场主体、市场客体、市场载体、市场电价、市场规则和市场监督构成。市场主体是指商品生产者、消费者和市场经营的管理者组成的整体；市场客体包括电力、辅助服务和期权，并且电力的生产、输送和消费必须同时完成；电力市场以“电网”为载体，具有惟一性，但因为电网的垄断属性，通常由国家或其委托的公司进行统一管理；电价在电力市场中充当核心和杠杆，能够体现供求变化，同时也是管理者思想的体现；市场监督依赖市场规则，监督需要做到有法可依，良好的市场监督能完善市场规则；市场规则和市场监督相辅相成，促进市场行为和运行过程优化。电力市场内部的运作流程如图 1.1 所示。该图主要介绍了发电企业和用电客户之间电力的传输渠道。

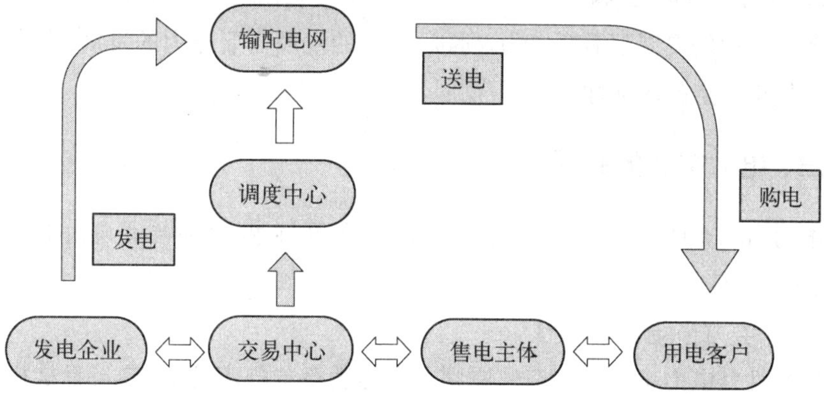

图 1.1　电力市场

二、电力市场的特征

(一) 技术特征

1. 电力设备使用单一性

电力设备在使用方面具有绝对专一性的特征，如果电力需求下降，会造成设备严重闲置的后果。

2. 资金的高度密集性

发电企业的建设投入资金存在很大差别，但是如果发生投资失误，就会造成巨大损失。

3. 技术的高级密集性

电力系统是由相连接的电厂、电网和用户所组成的大型系统，电力生产和消费必须保持实时平衡。如果三方不能协调，将会引起频率波动，造成设备破坏乃至整个系统的崩溃，所以，电力系统具有实时平衡和整体互动的物理特性。

4. 公共服务的安全性

由于电能不能进行大规模地存储，而且电力需求具有一定的随机性，所以，电力供应必须具有高度的安全可靠性。

(二) 经济特征

1. 电力对经济发展的寄生性

电力的发展依赖国民经济的发展，电力的发展需要国民经济的带动。

2. 电力发展的超前性

各行各业的发展都需要电力，所以，经济的发展需要电力的发展，电力的发展需要保持一定的超前性。

三、电力市场的原则

电力市场有四个基本原则，即为公平性、公开性、扩大参与者自由选择的权利、法规的保障性。

(一) 电力市场的公平性

公平性是电力市场最基本的原则。在充满竞争的市场中，参与者是相互平等的，平等的环境能够促进竞争，鼓励发电厂提高生产效率，降低成本，提高活力，发挥市场的调节和激励机制，形成持续发展的内动力，从而构建良性循环，进一步促进资源优化和环境保护。

(二) 电力市场的公开性

在电力市场中，为贯彻落实公平性这一基本原则，必须保证电力市场的公开性。电价是人们最关心的问题。公开发电厂的上网电价和用户的用电价，发电厂可以根据上网电价随时了解自身的运行状况和经济状况，用户可以根据用电价调整用电，从而通过电价这一杠杆，将供用电双方联系起来。

(三) 电力市场应扩大参与者自由选择的权利

仅从市场的角度来看，市场需要参与者自由选择的权利，即供方和用户之间可以相互选择，但由于电力供应的特殊性，电力市场一般难以满足参与者自由选择的要求。放开发电市场是当前的一种世界趋势。发电厂有权选择贸易方，但是对输电市场和用户则较少放开。

为了保证电力市场的平稳运行，参与者自由选择的权力能够扩大，避免网络拥有者垄断电力，电力市场必须保证向使用者开放输、配电系统。

(四) 电力市场的运行应有法律法规的保障

电力商品具有一定的特殊性，电力市场在进行供求匹配贸易的同时还要保证电网的安全和稳定运行，这就要求电力市场的运行必须有法律法规为依托。此外，有关电价和赔偿的问题也应做到有法可依。

第二节　国内外电力市场运作模式

一、国外电力市场运作模式

在现代经济快速增长的模式下，电力行业也在与时俱进，不断发展。国外对电力领域的研究要早于国内，电力发展较为先进。在电力发展过程中，许多国家都相继进行了电力体制的改革。

（一）垄断模式

电力市场改革前，垄断模式被世界大多数国家普遍采用。这种模式是集发电、输电、配电和零售为一体，国家的全部或绝大部分电力供应都由国家垄断经营，统一用合同规范，最终形成垂直的一体化结构。它的消费者是广大的电力用户。这种模式在短时期内对电力市场的统一运营起着重要的作用。然而，随着运营时间的延长，供应范围的扩大，电力行业只关注供电而忽略了用户利益，电力供需矛盾日益凸显，最终，运营效益日趋降低，各种弊端便充分暴露出来。

（二）电力库模式

1989 年以前，英国电力市场处于垄断运营阶段，长此以往，规模效益越来越低，已无法补偿因低效带来的损失。同时，规模效益的下降和非增性质，已经影响到了输电定价的经济学理论基础。尔后便进行了第一次改革：重组行业结构，形成私有化格局，建立了强制型电力库(Pool)模式。电力库以国家电网公司(NGC)为依托，打破了之前的垄断模式，更具竞争性。电力库也是当时电力市场的交易核心，所有的交易都通过 Pool 实现：Pool 以电力库购买价格 PPP 购电，以电力库销售价格 PSP 售电。改革后用户的电价较之前相比下降了 6%～11%，服务质量和供电的可靠性得到了极大的提高。

然而，改革后的模式依旧存在着弊端。在当时英国的电力市场中，只存在 NGC 一个机构，它同时具有 ISO、PX 和 GC 功能，这就直接导致了 NGC 的职能过于集中，交易机制复杂，而且发电竞争者较少，发电公司可以操纵整个电力市场。由于 Pool 中的电能价格波动不定，而且交易双方需通过鉴定金融差价合同 CFD 或 EFA 共同承担价格风险，利润空间受到限制，导致投资逐渐向海外转移。在这种状况下，英国迎来了第二阶段的电力市场改革。

（三）NETA 模式

2000 年，英国对电力市场的框架和行业结构进行了调整，建立了新的电力交易模式——NETA 模式。同年 12 月，NETA 模式开始正式运行。较之前的模式相比，这种模式的批发电价低，即时和长期供电可靠性得到了保障，而且价格向用户公开，让用户真正体验价格制定的过程。更重要的是，新模式以双边交易为主，发电商不再受 NGC 中央调度，由此看来，电力市场的竞争比上一阶段更加公平公正。

NETA 模式的市场按照时间来分又可以分为长期市场、中期市场、短期市场和实时市场。长期市场是提前一年以上的交易，交易量很大；中期市场是一年以内至提前一天的交易，交易量较大；短期市场是提前一天至市场关闭的交易，参与者很多，但交易量不大；实时市场又称平衡市场，交易时间很短且交易量有限。在这种模式下，交易方式多样化使得市场参与者可以根据自己的需要，选择一种适合自己且便利的方式进行交易。

由于第二阶段改革的成效显著，参与电力市场竞争的发电公司的数量在不断增加，而且市场的电价也在持续降低，对终端用户十分有利。但是，英格兰地区的电力体制改革并不彻底，电力市场依旧存在着较大的供需问题和各种其他的内部矛盾。为了改变这种形式，英国决定迎来第三阶段的市场改革。

（四）BETTA 模式

由于前两个阶段的改革主要在英格兰和威尔士地区实施。2005 年 4 月，英国政府将 NETA 模式推广至全国，由此开始了第三阶段的改革模式——BETTA 模式。这种模式目的是推动全英国范围内的电力市场的良性竞争，保证电力系统安全和提高供电质量，消除跨大区电网的使用障碍。

经过了三个阶段的改革，英国电力市场的交易效率得到了极大的提高，同时也促进了市场的良性竞争。但是，新的模式并不都是无可挑剔的，每一种模式在运行中都会发现一些不可避免的问题。在 2013 年，英国又开始了新一轮的电力改革，这次改革是以低碳电力为核心，将差价合约和容量市场纳入已有的电力市场范畴，当然，降低用户的用电支出都成为每一轮改革的目的之一。

和英国一样，美国的电力市场一开始也是采取垄断经营、政府管制的模式。这一模式十分不利于电力市场的未来发展，而且违反了公平竞争的原则。同时存在着电力设施老化等问题。在这种背景下，美国开始了电力市场的改革。

(五) 美国电力市场

1. 加州电力市场模式

加利福尼亚州是美国人口最多的州，但是加利福尼亚州的电价要高于美国全国的平均电价。1996 年 9 月，加州议会通过了议会法令，引入竞争，要建立新的电力市场结构，以降低用户的电力成本。这种模式是通过设立 PX 和 ISO 两个独立实体。PX 提供电能拍卖，ISO 提供电网控制、稳定运行以及辅助服务的功能。但是，加州电力市场仅仅运营了两年多时间，便出现了严重的电力危机，最后以失败告终。

2. PJM 电力市场模式

PJM 模式不仅具有加州模式的优点，而且有效地克服了 PX 和 ISO 区独立运行的缺点。市场功能相对完善，交易比较公平，是一种相对成功的市场模式。它将 PX 和 ISO 整合成一个实体，提供优化的中央调度，采用 LBMP(区域边际定价法)。

3. Nevada 和 ERCOT 电力市场模式

建立一个 ISA(Independent System Administrator)，与 CAO(Control Area Operator)、RTO(Regional Transmission Operator)和市场相互协调。而美国电力市场则是在全面私有化基础上进行的，它们是两种最具代表性的电力市场结构模式。

英国的强制型电力库(Power Pool)模式、NETA 模式以及 BETTA 模式广受关注。美国加州的市场化改革尽管起步比较晚，但是却能独树一帜。改革伊始，力图设计一种完美、超前并且具有表率作用的市场模式。2001 年加州电力危机出现以前，这种模式曾经一度受到很多学者推崇。但是，加州电力市场才运营了两年多时间就出现了严重的电力危机，并且导致了一场惨重的失败，经历了一次惨痛的教训。这种结果大大超出了人们的意料，促使人们努力地考虑改革中可能遇到的种种原因和困难，更加妥当地进行市场化改革。加州电力危机的教训和英国电力市场的经验，这将对我国电力市场的结构和运营模式的设计产生深远影响。国外电力市场运作模式分类的简图如图 1.2 所示。

目前，很多国家和地区都在进行电力体制改革和结构重组，建立电力市场，借此提高运营效益。世界上主要的电力市场有英国电力市场；美国加州、PJM 和 NEPOOL 电力市场；阿根廷电力市场；新西兰电力市场；澳大利亚电力市场；

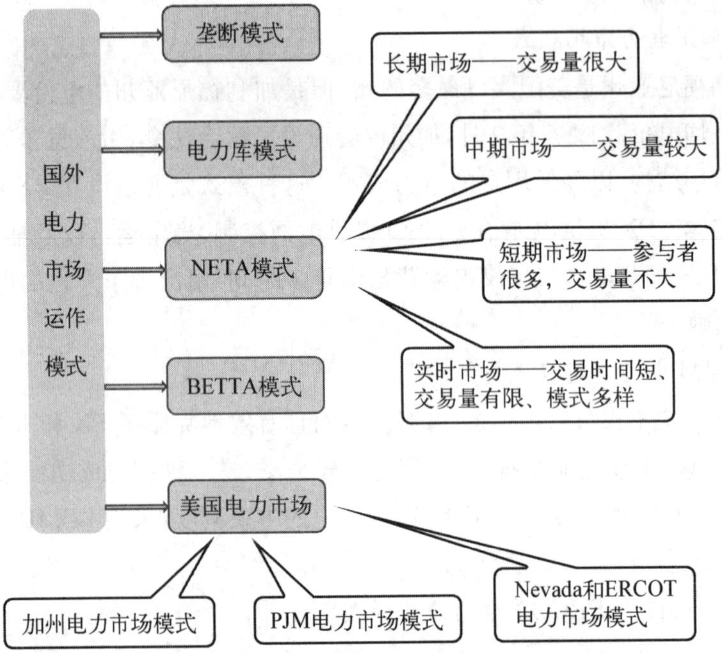

图 1.2　国外电力市场运作模式

北欧电力市场等。

各国电力市场的运营模式可以归纳为两类：

(1) 发、供、用电沿用垂直一体化管理，只是进行有限和局部的改革。采用这种模式的国家有法国、日本、印度、苏格兰、巴基斯坦，以及美国的一些州。

(2) 发、供、用电环节解除或放松管制。采用这种市场模式的国家和地区有英国、美国加州、新西兰、澳大利亚、挪威、阿根廷、秘鲁及智利等。

虽然各国电力市场的结构大相径庭，改革所处阶段及所遇到的问题也各不相同，但是它们都有一些相同的特点：

(1) 电价改革是重中之重。

(2) 规模效益逐渐消失。垄断导致了规模效益越来越低，已经无法补偿因低效益带来的损失。同时，规模效益的逐渐下降和非增性质，已经逐渐影响到了输电定价的经济学理论基础。

(3) 发电侧首先引入竞争，现货与合同交易并举。

(4) 供电领域逐渐开放，先从大用户然后到所有用户均可自由选择供电商。

(5) 输电网垄断经营，挖掘和发挥自然垄断的潜力。从输电网的自然垄断可以看出，电网不能重复建设，可以组建国家电网公司实行开放式的垄断经营。

(6) 以经济和法律手段管理市场，优化经济结构，避免简单的命令式的调度方式。尽力发挥市场经济这只“无形的大手”，充分运用经济手段有效地调节和平衡电力市场。

(7) 实施有限且严格的监管。监管不可或缺，并且应该具有实时的反馈和灵活的调节功能。为了保护大众的利益，必须针对具有垄断性质的环节实施有效的监管，最终目的是以法律手段来规范市场，保证市场竞争的公平公正。

二、国内电力市场运作模式

为了让电力市场更加有效，选择适合我国国情的电力市场运营模式，自 20 世纪末起，中国也积极地加入到电力市场化改革中来。

按不同的发展阶段或按不同的市场特征，电力市场可以分为垄断型、买电型、批发竞争型和零售竞争型(或称为完全垄断、寡头垄断、垄断竞争和完全竞争型，也可称为垄断型、发电竞争型、输电开放型和配电开放型)。我国制订的分四步建设电力市场的框架正是这一思想的具体体现。然而，对于电力市场的层次结构和交易模式，却存在着诸多的争议。有的电力市场模式最初认为是比较好的市场模式，经模拟运行后却发现在实际运用中存在着或多或少的弊端。因此，需要重新看待这一问题。

我国的电力工业已经由传统的垂直一体化垄断模式逐步过渡到现今的发电侧开放模式。如今，我国的电力市场改革方向已由“省为实体”调整为：完善并且实现省级电力市场，加速发展区域电力市场，逐步培养国家电力市场；形成以区域市场为主，国家市场和省级市场为辅，统一开放、协调联动的电力市场体系。同时，围绕厂网分开、竞价上网、建立科学合理的电价形成机制以及建立国家监督委员会四个核心进行改革。等到区域电力市场形成后，电力企业就会逐渐走向竞价上网模式。如今，竞价上网的电量占年度总电量的 10%～15%。随着电力市场化改革的进一步加深，竞价上网的电量占年度总电量的比例会逐步提高，我国电力市场的运营模式终将走向成熟与成功。根据各国的经验和教训以及我国的基本国情，较为理想的电力市场模式是建立以下四个运营实体：独立发电商(IPPS)、电网公司(GC)、系统操作员(SO)和电力交易中心(PX)。组建独立发电商IPPS是基于发电环节和发电侧竞价上网的需求，在生产环节打破垄断经营，引入竞争，形成庞大的发电市场，建成发电侧开放模式。SO和GC一体化，是从我国的调度结构出发，在形成发电市场的基础上，使输送环节打破垄断，引入竞争，形成电力运转模型，有助于我国电力市场的平稳过渡。最终，在此基础之上构建PX，使销售环节也能够打破垄断，引入竞争，形成配电网开放模式。在PX模式下，最终形成发电市场和电力销售市场两种电力市场，是当前电力市场比较理想的电力市场模式，也是电力工业改革目标之一。深入了解电力市场的基本运营模式以及我国电力市场改革的现状，对我国未来配电网开放模式下的电力市场结构进行进一步的研究，提出符合我国国情并且基于配电网开放模式下的电力市场结构的基本框架。区域电力市场的运营中心应该具有跨省联络线和区内的超高压主干线路，连接起区域内、区域外的电力，并成为所在区域电力系统规划、电网调度和市场交易结算的中心。区域电力市场模式简单明了，符合电力市场运行规律，具有大范围的电力市场格局，便于推进发展，而且省级电力市场具有良好的物质基础和组织结构，从而能够全面提升电力系统的安全性和电力市场的稳定性。从其他国家的经验来看，对比较大的国家而言，设立几个区域性的批发电力市场是符合事物的客观规律的。建立一个大型的区域电力市场，并不是几个相互独立的省级电力市场，这样一来可以合理利用区域内的各种能源，实现资源利用最大化，有利于消除省际壁垒；二来在紧急情况下可以进行地区之间相互支援，提高运行可靠性；三来可以管理区域间的辅助服务，提高系统的安全性；四来可以协调与相邻区域电网的电力交换。因此，在我国原来的六大区域电网的基础上建立几个区域电力市场，是比较合适的，也是非常及时有效的，有利于我国电力市场发展的。

第三节　电力市场营销概念

随着经济的不断发展，技术的不断革新，电力用户对于用电的业务需求也在不断地提高。这便要求电力市场营销者在工作上不断改革创新，以满足用户日益增长的需求。

电力市场营销是一种以实现并扩大电力产品销售为目的的营销手段。它是在电力产品的生产、输送和销售过程中，调整好供用电关系，为用户提供可靠、安全、实惠的电力产品，不断提高电力企业经济效益的一系列经济活动的总称。

一、电力市场主要内容

电力市场主要内容包含：电力市场的调查和预测、目标电力市场的选取、电力产品的服务流程、电力价格管理策略、销售渠道策略和电力促销策略。

对于电力市场的调查预测，电力企业要时刻关注电力市场的变化，分析影响其销售市场的各种环境变化，对未来电力需求发展趋势进行有效的评估预测，分析电力市场中用户对于电力市场需求的变化，不断调整自身营销策略，研究出企业如何面对环境变化带来的市场机遇与风险。在电力市场调查预测的基础上，对电力市场进行细分，合理地选择目标电力市场，完善电力产品的服务流程，使电力产品能够满足用户的需要。另外，通过洞察市场供求关系的变化，制定公正合理的电价策略，建立合适的电力销售渠道，不断降低电力生产成本，满足电力客户的需求，同时实施有效的电力促销策略，加大电力销售，提高电力市场的占有率。

二、电力企业发展现状

当前，我国的电力产业正处于持续发展的状态，电力企业的经济利益也在逐年增加。同时，电力市场对电力供应的需求也逐年上升，电力企业还面临着国家税法改革带来的机遇和挑战。因此，当前电力企业正面临着改革的命运，需要在改革中完成电力市场的发展。电力企业中的管理人员普遍拥有较强的营销意识，为了能够增加企业的效益，他们对市场营销的重要性也就有着更深的了解。在市场营销经济体制不断完善的今天，电力企业同其他很多企业的市场营销都占据了相当大的比例，在增加企业利益上贡献了重要力量。

三、电力市场的营销作用

通过有效的电力市场营销，可以不断地拓宽电力市场领域，提高电力市场占有率；为取得更多的市场，电力企业之间的竞争势必会加剧，企业为了提高知名度，树立良好的企业形象，吸引客户，使得企业的竞争力不断提高；通过市场营销，企业不断提高经济效益，不断提高电力职工的收入水平，改善民生。

四、市场营销策略的重要性

在当前电力市场中，电力企业拥有较大独立性，同时，国家对电力企业也进行了多方位的扶持。因此，在这样的环境下，电力企业有必要完成效益的有效持续增长。而市场作为能够增加电力企业营销效益的最基本的路径，企业要充分利用市场的发展，并且运用合理的财务管理的手段，通过各种营销活动进而获得利益，用来协助电力企业的发展。所以，电力企业有必要重视市场营销并根据实际来改变营销策略，从而为电力企业的发展提供充足的保障。

五、生产观念到营销观念的转变

生产观念是了解销售者行为的观念之一。这种观念源于20世纪20年代之前，此时企业经营的哲学并不是从消费者的需求出发，而是从企业生产情况出发。其主要表现是"我想生产什么，就卖什么"。生产观念认为，消费者比较喜欢那些能够随处买得到并且价格较为低廉的产品，所以企业应当致力于提高生产效率，扩大生产，从而降低生产成本以扩展市场。

而市场营销观念则是一种新型企业经营哲学。这种观念基本定型于20世纪50年代中期，其主要表现是"顾客需要什么，我便生产什么"，即一切以满足客户的需求为生产销售的出发点。产生这种转变的原因一方面归功于生产力的迅速发展，市场由供不应求向供过于求的方向发展，使得企业不得不改变自己的营销策略进而获得更大的市场。另一方面，广大居民的收入水平也在迅速提高，因此，居民对产品的选择方向变得更为广泛，从而加剧了企业之间的竞争力度。在市场营销观念看来，如何更好地实现企业的发展目标，其关键在于能够洞察市场的需要，预判市场需求的发展趋势，及时做出生产调整，这样便会比同行竞争者更有效地提供市场所需的商品，从激烈的企业竞争中脱颖而出。

六、电力市场社会营销观念

电力市场社会营销观念是对市场营销观念的继承与发展，它要求电力企业不仅仅要满足当下社会市场的需求，更要以消费者以及社会的长远利益为出发点进行综合的规划，从而实现可持续发展，使得企业、社会和消费之间协调成为一个统一的整体。

七、电力市场营销中存在的问题与解决措施

(一) 电力市场的服务意识不足,质量不高

在电力企业改革之前,电力企业在电力行业往往实施市场垄断策略,在市场中的地位不可撼动,用户因为需求在市场供求关系中往往处于较为被动的地位。然而,随着我国改革的不断深入,电力企业的垄断地位逐渐消失,电力企业不再是单一的卖方市场,随之而来的便是激烈的企业竞争。企业若想在激烈的竞争中长久地生存下去,那就不得不提高自身的服务态度与服务水平。在这种形势下,电力企业服务意识不足,质量不高的缺点便会慢慢被克服,从而促进电力企业更好地发展。

(二) 电力设施建设地区差异大

随着科技水平的不断提高,近年来我国电力设施不断完备,成就显著,然而,电力设施建设地区化差异大的弊端也逐步显露出来。由于东西部自然条件和社会条件的差异,中西部地区的电力设施建设的进程明显落后于东部较为发达的地区,乡村地区的电力设施建设普遍落后于城镇。这种现状既不利于电力市场营销,更不利于我国长久发展的规划目标。

(三) 电力供求不稳定

电力企业生产的最终目的是为了向客户提供日常所需的电能,而企业电力供求是否稳定则直接影响了产品的质量和该企业在消费者心目中的形象。目前,我国的电力企业的供求不平衡的问题仍然存在。因此,企业必须采取有效措施,不断完善设施建设,为消费者提供更加高质量的电能与更加稳定的电能。

(四) 电力企业管理意识的淡薄

传统的电力企业管理不到位,程序复杂,与当前所提倡的现代企业管理理念不合,严重影响了企业运营的效率。在新形势下,企业内部管理必须进行有必要的改革,实现现代化企业建设,加大企业信息化建设,建立统一的信息化处理机制,引入高端管理人才,加大企业内部建设的资金投入,进而提高企业的运营效率。

(五) 电力产品价格的不统一

我国《电力法》出台后,与之配套的《用电管理法》却迟迟没有出台,我国在电

力产品管理方面仍然存在法律漏洞。由于诸多原因,我国不同地区之间的电价并未真正实现一致。比如说,在我国城镇,一般都是供电企业抄表到户,而有少部分落后地区农村的管理相对城镇则明显较弱。因为落后地区农村多是以县电力企业为实体,未能严格执行国家现行电价,个人承包电费、偷窃电的现象仍然可能存在。因此,国家在法律和设施方面应当给予更多的投入,不断完善管理,才能真正解决这个问题。

总而言之,当下电力市场营销中存在的各种问题表明,电力企业面对不断发展变化的市场,尚且没有调整好自身的营销策略,尚且不可完全适应当前市场与经济发展的需要。因此,在电力市场营销过程中,应当坚决摒弃掉那些已经过时的和不适应当前市场变化的管理理念及营销方式,应当要树立符合时代的营销理念,并且及时调整自身的营销策略。只有这样,才能在激烈的市场竞争中不被淘汰。

第四节　"互联网+"电力营销策略

一、"互联网+"营销的重要性和必要性

在我国,"互联网+"营销服务工作已成为国家电网公司近几年的重点工作。其旨在利用"互联网+"的思想改造传统模式下电网营销服务手段,建立服务沟通渠道,创新业务体系,将更进一步地推进营销管理朝着自动化以及信息化的趋势发展,现场作业线上化、标准化,推动着客户服务更加具有互动性。

目前,随着商品经济的发展,市场营销的理论基础已从早期的"利润最大化"转变成"顾客利益最大化"的观念。因此,"互联网+"营销是符合新时代下市场经济发展要求的。信息时代下,顾客可以通过互联网获得大量信息,进而对产品进行比较。而在大数据时代,关于信息的甄别显然成了让大众头疼的事。此时,企业的信誉以及品牌变得非常重要,而"互联网+"的营销策略显然是提升企业品牌和声誉的好方法。国家电网始终如一地坚持着自己的企业形象,成为奥运会、世博会的合作伙伴。"互联网+"营销是市场竞争朝着透明化的方向发展,"互联网+"的营销方式为企业与企业、企业与顾客、顾客与顾客之间创造了更加良性的竞争环境。集售前咨询、销售、销售服务三位于一体的网络营销平台支持

顾客进行访问和点评，促使企业将更多的精力放在产品的研发、质量以及客服满意程度这些方面，这样有效地避免了恶意竞争。“互联网＋”营销使产品价格变得更加合理。供求关系决定着产品的市场价格，但市场对产品存在着部分延迟以及失真，使得产品的价格并不一定都是及时有效的。“互联网＋”营销方式的出现使得顾客享受到在线议价、在线拍卖竞争等多种及时有效的定价方式，促使企业制定出更加理性、合乎实际的产品价格。现行的电力上网价格一般采用的都是“一厂一价”。然而，随着分布式电源的上网，这种定价方式已然不能满足如今的市场需求，而“互联网＋”这种可以在线议价的营销方式正好解决了这一难题。

在如今智能电网与分布式电源发展的大趋势下，需要科学地细分我国的能源市场结构，增强“互联网＋”营销技术支持系统功能，制定有效的电力网络营销策略。这也是构建智能电网下电力企业营销体系的重要元素。

二、如何开展“互联网＋”电力营销

自2002年后，电力行业破除了独家办电的体制束缚，从根本上改变了指令性计划体制和政企不分、厂网不分等问题，初步形成了多元化的电力市场体系。但是如今的电力行业仍然存在着一系列问题，需要进一步深化改革来实现。

2015年政府工作报告中，李克强总理提出制定“互联网＋”的行动计划，要通过大力发展互联网经济创新思维，为完成经济社会跨越式的发展而努力。可以从下列几个方面来开展“互联网＋”的营销策略：

（一）业扩报装全流程管控工作

要加强“掌上电力”手机APP、95598网站应用推广的力度，需要建立在线业务受理和管控团队，并明确其岗位职责，引导客户利用线上渠道办理业务，提高线上业务的比例。要做到对跨专业、跨部门进行全流程、全环节的实时监控并加大业扩的回访管控。全面打通营销系统与企业门户、ERP、PMS2.0、规划设计平台、规划计划平台、公司级项目管理平台、基建管理等系统的集成，加强省营销业务管理平台业扩协同管理环节视图、部门视图客户经理等功能模块的优化和应用，完善线上评价、项目储库管理功能，实现电网资源信息公开、供电方案备案会签、接入电网受限整改、电网配套工程建设、停（送）电计划等协同业务环节由线下传通转为线上流转。促进业扩报装对外信息公开、透明，对内工作效率与服务质量提升。

(二) 推动互动渠道的建立、完善以及推广工作

要注重引导电子渠道,重视国网统推渠道的推广应用,要实事求是,杜绝弄虚作假。互动渠道的推广工作必须以实事求是为前提,严禁通过不正常渠道虚假绑定的行为。

(三) 注重大数据分析的应用工作

在大数据系统的使用方面,在用电统计分析、产能利用率监测、业扩用电趋势分析等主题上皆有了较大使用。此外,还应用在信用系统方面,有序开展电力客户信用评价和管理,提高社会关注度。

(四) 跨界公共服务应用工作

跨界公共服务应用的工作主要是充电站桩建设、智能家居推广、客户侧储能、电能替代和节能业务推广、企业能效检测、多表合一的信息采集建设和商务运营等工作。

(五) 全面实施业务流程优化和在线办理

全力推广线上办理新装、增容和用电变更等业务,优化高压8类常用业务(高压暂停、暂停恢复、改类基本电价计费方式变更、改类调整需量值、高压增容、减容、减容恢复、高压更名)和低压全业务(新装、增容、更名过户、销户、居民峰谷电价变更、表计申校、计量装置故障等)线上业务办理流程:开发完善费控客户在线签约、在线购电充值和远程电量下发、自助复电申请等功能,支撑多渠道与费控客户实时互动;完善电费电子账单、电子发票、用能分析、停电到户通知等在线服务功能,拓展"电 e 宝"扫码支付、代扣代充、企业用户"电 e 宝"线上交费功能。

(六) 推进公司线上渠道互联互通

加快线上渠道推广应用,有效利用"电 e 宝"电费小红包、交费盈、电力积分等营销产品,开展渠道推广引流和精准营销活动;开展"电 e 宝"实名认证服务,加快推动电费充值、充电支付、电商购物"一卡通"应用;推进公司"掌上电力"手机 APP、"电 e 宝"、95598 网站、国网商城和车联网等线上渠道的账户统一,实现客户"一次注册,多渠道应用",通过 H5 方式实现"掌上电力"手机 APP 与"电 e 宝"之间全功能互联互通,具备客户通过登录"掌上电力"手机 APP 与"电 e 宝"其中一个客户端即可实现全功能应用。

（七）开展可视化报修服务应用

全面推广“掌上电力”手机 APP 可视化报修服务，进一步优化系统架构，精简抢修流程。“掌上电力”手机 APP 电力报修应用，会同运检部门，完成配网抢修移动应用部署。开展抢修人员实名注册、权限分配、信息导入和 APP 使用培训等工作，实现从“掌上电力”手机 APP、95598、营销业务应用系统到 PMS2.0 及其配抢移动应用的全面贯通，实现抢修人员实时定位，抢修路径实时查询，抢修进度实时互动，加强可视化报修数据分析，基本实现“五个一”抢修服务。

（八）实现服务信息精准推送

开展电子渠道统一消息管理，通过“掌上电力”手机 APP、“电 e 宝”、95598 网站等电子渠道，实现业务办理、量价费查询、费控余额、费控预警、电网计划停电、市场化交易等营销服务信息的点对点精准推送，降低信息公开服务成本，减少 95598 服务热线的咨询话务量。

（九）推动建立公共服务 APP 联盟

推动与各航空公司（国航、东航、南航、海航等）、电信运营商（移动、联通、电信等）、金融机构（工行、中行、建行、农行等）等公共服务行业成立公共服务 APP 联盟，捆绑推出“公共服务装机必备官方 APP”，建设基于电力积分的积分共享兑换和增值服务体系，将国网电商积分平台与其他公共服务单位的积分系统实现互兑互通，有效丰富积分应用场景，丰富积分兑换内容，提升积分业务体验。

（十）推广营销移动作业实用化

全面推广营销移动作业，构建基于内网移动作业平台的营销“微应用”群，完善客户服务、电费催收、业扩报装、用电检查、计量装拆、电能替代等现场移动作业应用。在试点区域基本取消纸质工单流转，提高现场综合服务能力和效率；加快建立移动作业平台推广应用，健全使用规范，编制移动作业指导书、平台操作手册、应用管理等制度标准；推进班组作业方式和管理模式提升，实现业务处理智能电子派单、现场标准化作业、工作质量、客户评价全程在线管控。

（十一）常态化推进营配调数据治理及业务深化应用

进一步加强营配调基础数据治理，全面推广停电范围自动分析、客户报修自动定位、报修（故障）工单自动合并、业扩办电流程简化、故障研判指挥、台区线损监测分析等业务协同应用；配调贯通工作成效“回头看”，推行数据采集、核查、治理一体化作业，以同期线损管理为抓手，部署营配调业务协同管控模块，建立营配调数据质量常态分析评价机制，以业扩交互流程为抓手，推进基础信息校核、客户信息核证、业务问题处理等营配调协同业务全面转入线上流转；构建营配调数据同源管理和业务协同保障体系，进一步厘清营配调工作界面，优化基层班组功能定位，梳理业务流程、制度标准、岗位职责，将营配调贯通标准量化到专业管理和业务流程中，确保公司营配调贯通相关职责、流程、制度、标准、考核得到有效的组织落实。

(十二) 深入开展营销稽查应用

依托营销业务管理平台和基础数据平台，建立总部统筹管控、省(市)公司总体安排、市县公司具体执行的三级管理体系，以网、省(市)客服中心两级支撑体系和数据运营团队，对核心业务、关键指标、重要数据进行在线监控，重点针对电价执行、业扩报装、电费账务、计量数据、同期线损等主题开展稽查监控分析，开发指标抓取、分析、监测、预警功能，建立量价费损全量主题域和指标库，分层、分级、分岗位配置管控主题与功能应用，推进稽查监控关口前移。

(十三) 深入开展营销大数据分析应用

完成售电量预测分析主题推广应用，统筹 PMT、业扩净增容量、GDP 增速等经济指标及天气和节假日等因素对售电量的影响，支撑总部、省、市公司按月开展售电量预测分析。完成电费风险防控分析主题推广应用，基于客户标签库和营销业务系统客户交费信息，健全高压客户"一户一策"、低压用户"一类一策"策略库风险预测模型，推进高、低压客户欠费差异化催收应用。制定公司营销数据治理标准、数据快速响应需求标准以及营销大数据分析应用流程标准，推动建立健全大数据分析体系、机制，提升营销数据快速响应大数据分析需求的能力。

(十四) 优化市场化售电应用

以"安全、灵活、易用、平物"优化市场化售电模块原则，完善抄表、核算、收费账务、新装发更、报来统计以及与交易平台对接等功能，配合财务部推广市场交易电费结算动能应用，为客户提供方便、灵活的用能费用交付结算服务、拓展损耗分析、用能分析、客户行为分析、客户信用分析等增值服务。

思考题

1. 电力市场由什么组成？

2. 电力市场的原则是什么？这些原则有没有内在联系？请简述。

3. 国外电力市场有哪些典型的运作模式？分别说出它们的优缺点。

4. 根据国内外电力市场的发展模式，结合我国国情，谈谈我国电力市场未来的发展趋势。

5. 在20世纪20年代，福特公司曾经说："我想生产什么颜色的车，路上就是什么颜色的车。"这句话背后的原因是什么？

6. 请简述现代电力企业管理与传统的电力企业管理相比有哪些优点。

7. 在2017年上半年，国家电网公司深化"互联网+营销服务"，促使高、低压客户线上办电率分别达到85.6%和80.6%，低压居民智能交费客户累计达2.1亿户，占比53.4%。这说明了"互联网+"的环境下电力营销的优势在哪几方面？

8. "互联网+"的电力营销方式可能会遇到哪些问题？

第二章　互联网环境下电力营销业扩报装服务

我国城市化、工业化建设的不断深入，意味着居民对电力能源的依赖性日益增强，有效管理电力营销工作成为电力企业发展的重要课题。业扩报装业务的开展效果将会直接影响整个电力行业的发展状况，是电力营销的主要组成部分，且能及时反映电力行业的整体服务质量。因此，必须加大对业扩报装业务的管理，不断提高管理质量，进而保持整个电力行业的良好形象，增强自身市场核心竞争力，扩大电力企业的经济效益，提高自身品牌形象。尽管电力营销业扩报装管理水平也有了很大提高，但是仍存在诸多漏洞。电力企业应符合当前社会发展变化趋势，制定符合客户需求的业扩报装流程，不断优化电力营销业扩报装管理方略，推动电力行业健康发展。电力业扩报装是电力企业提高自身经济效益的重要渠道，同时，也是展示企业自身服务质量和经营管理水平的主要平台，其工作效果直接影响着电力企业的经济效益和社会效益，应该得到足够的重视。现阶段，在市场经济背景下，电力企业面临着机遇与挑战并存的局面，强化电力营销工作，做好业扩报装管理，是摆在企业面前的关键问题。本章结合电力营销及业扩报装的概念，对业扩报装管理中存在的问题进行分析，并提出其管理的有效策略。

第一节　智能用电物联网技术发展背景

智能用电物联网技术作为新兴的高新技术，引领现代科技的发展，具有极高的战略意义。因此，世界众多国家都在围绕这项技术开始了新一轮的科技竞争。其中，以美、日为首的发达资本主义国家纷纷将促进智能用电物联网技术发展列为国家战略。我国政府对此也是极为重视，将其上升为国家战略，对该类型产业在政策和经济上大力支持，在农业、商业、国防等诸多领域成就显著。

一、智能用电物联网技术的机构体系

目前的智能用电物联网是一个开放的结构体系，因此，需要很多技术来支撑，其中主要涉及射频识别技术、中间件技术、物流管理技术、通信技术等。它的关键技术主要包括三个方面：第一，感知技术，是指利用射频识别技术、二维码、GPS、摄像头、传感器、传感器网络等高新技术手段，能够随时随地对物体信息采集与信息获取；第二，信息传递技术，是指通过各种电信网络与互联网的结合，从而实现物品信息的实时、准确的传递；第三，智能处理技术，是指通过云计算和模糊识别等智能计算技术，对海量的跨地域、跨行业、跨部门的数据与信息进行处理，并且能对物品实施智能化控制。

在智能电网和物联网快速发展的今天，不但能创造出一大批具有原创性的拥有国际领先水平的科研成果，能够打造高达千亿级的产业设施规模，能够占领技术以及产业的世界制高点，并且还将极大地促进信息通信、智能电网与物联网的相互渗透与深度融合，从而引领以信息化、自动化、互动化为基本产业特征、以全方位多角度的感知为基础的新一代的电力工业技术革命，促进电力工业结构上的转型和电力产业升级。

智能电网和物联网结合发展将极大地提高我们的生活水平，不但能够实现电厂、电网和智能电网的互相联系，还能实现电网和用户的相互联系，这将使世界变得更小，使得沟通更加畅通，生活更加智能、更加节能。

二、当前物联网技术在智能电网上的应用

物联网技术作为比较先进的信息获得和处理技术，已经在医疗、工业、农业、商业、公共管理、国防等方面获得了较为广泛的应用，是促进当前与未来经济的发展、构建和谐社会的重要途径。

智能电网技术运用的实现，首先要依靠电网的每个环节中重要运行参数的监控以及实时信息掌控等方面。而物联网技术作为一种推动智能电网迅速发展的信息感知技术和“物物互联”的重要方式，目前已经在电力设备的状态监测、智能化巡检、用电信息的采集、智能用电等众多方面获得一定范围内的应用。

从20世纪90年代开始，清华大学、武汉大学等科研单位接连开展了输电的在线监测技术的探索，并且在2000年之后开发了能够具有完整功能的在线监控输电线路的技术。其中，移动通信网络的逐渐完善及广泛的覆盖在相当大的程度上推动了该技术的快速发展，有效解决了超远距离数据传输困难的问题。自2001年以后，从事在线监测技术研发的厂家急速增加，武汉高压研究院和中国电科院等科研单位相继研发了雷电定位、覆冰监控系统以及自动除冰等系统，并且在电力系统获得了推广和应用。2003年开始，在输电线路的监测系统的应用上得到了重视。比如，在2008年南方的冰灾事故中，验证了在线监测技术的重要性，同时也进一步推动了在线监测技术的蓬勃发展。我国的云南、贵州、江西、福建、广东等诸多电力公司已经建设了较为规模化的输电线路的在线监测系统，同时，部分网省公司甚至还建立了较为健全的全省输电线路的监控中心。2009年11月，我国第一条特高压交流示范线路也就是晋东南—荆门上也安装了输电线路的在线监测系统。

近些年来，为了改革巡检的方式，人们进行了很多的尝试。比如信息钮、信息螺栓、条形码技术、智能的移动终端等，这些技术手段在生产管理中取得了很大的成效。重庆市电力公司的“基于GPS的输电线路智能巡检管理系统”以地理信息系统GIS为实践平台，通过全球定位系统掌上电脑以及后台管理机，以实现线路巡检信息上的信息化、标准化以及智能化的管理。同时，福建省电力公司的“GPMS智能移动终端现场管理应用系统”也同样采用智能移动终端结合全球定位系统、RFID、条形码的技术，用来配合福建电网已具有的生产管理的信息系统，从而实现了输、变、配电网设备的智能巡视闭环管理。

自20世纪90年代开始，中国国内的电力系统逐渐地开展了负荷化管理、集中抄表等用电信息方面的试点建设和设备应用及电力物与物通信的应用，并且能够在电力安全的生产和经营管理方面发挥重要作用。各地的电力企业依据各自应用所需，也开始接连开展了用电信息采集系统方面的试点建设，并且在负荷的预测分析、电费的结算、需求与管理、线损统计与分析、反窃电的分析及供电质量提高等业务上获得了极大的效果。

自2009年4月开始，我国国网信息通信有限公司在智能用电等方面率先开展了工作，并且在北京建立了智能的用户服务化试点工程。智能用电的服务试点工程主要基于光纤通信技术以及电力线宽带的网络技术方面的构建，通过采用双向式的互动智能表计、应用用户智能的交互终端等方式，建立起用户和电网之间的实时连接和互动开放的数字化网络，用来满足电网的双向互动营销的需求。同时，智能电网在用户服务系统上主要包含电力线宽带网络的自动抄表系统、智能化家庭网络系统和社区服务的增值系统三个子系统，并且分别提供了水、电、气的三表抄收、家庭用电安全的防范、家电的控制、用电监测的管理，和生活服务、物业的管理、社区的娱乐、用电信息等诸多服务功能。

自 2009 年开始，中国国家电网公司接连启动了电力用户的用电信息采集、智能的变电站、状态监测和检修、智能的调度、配网的自动化、智能用电的试点工作，极大地推动了智能化电网的建设，同时，也大大促进物联网技术在智能电网中的应用。

三、面向智能电网应用的物联网技术的基本架构

面向智能化电网应用的物联网技术主要分为感知层、网络层和应用层，图 2.1 是面向智能化电网应用的物联网技术的基本架构图。

(一) 感知层

感知层主要包括感知的控制子层和通信的延伸子层。感知的控制子层是实现对物理世界上的智能化感知识别、信息的采集处理和自动化控制；通信的延伸子层通过通信的终端模块直接或间接地组成延伸型网络后将物理的实体连接至网络层与应用层。

图 2.1　基本架构

同时，在智能化电网的应用中，感知控制子层主要借助各种新的传感器、通过嵌入式的系统的智能化传感器、智能化采集设备等技术方式，从而实现了对智能化电网各应用层环节的有关电量、机械的状态、环境的状态等诸多信息方面的采集。通信延伸子层所用技术十分广泛，对于电网上的监控数据主要采用光纤的通信方式，也有比较少量的业务通过无线或是电力线载波通信的途径。比如，载波的通信仍是保护的信息传输的主要方式之一。在输电线路的在线监测、电气设备的状态监测方面，除了利用光纤传递信息外，无线化传感技术也同样得到一定程度的应用。比如，基于无线化传感器网络上的输电线路在线监控系统、无线化数字测温系统等。在用电的信息采集和智能化用电方面，应用的通信上的技术具体包

括窄带电力线通信技术、宽带化电力线通信、短距离的无线通信、光纤复合低压的电缆及无源的光通信、公网通信等。

(二) 网络层

网络层方面主要是实现信息的传递作用、路由控制，包含接入网与核心网。在智能电网的应用中，鉴于对数据的安全、传输的可靠性和实时性方面的严格要求，物联网技术的信息传递、汇聚和控制基本依托于电力通信网来实现，在不具备某些条件或者某些特殊的条件下，同样可借助于公众电信网。网络层的核心网以电力骨干的光纤网为主，辅之以电力线载波的通信网、数字的微波网。

(三) 应用层

应用层主要包括应用的基础设施/中间件与各种应用。应用的基础设施/中间件是物联网技术提供信息化处理、计算等通用的基础服务和设施、能力、资源调用的接口，并且以此为基础实现物联网技术的各种应用。电力物联网的应用应当涉及智能化电网的各个生产和管理的环节，其目的主要在于通过采用智能的计算、模式的识别等技术来实现电网信息上的综合分析与处理，实现智能化的决策、控制与服务，进而提升电网的各个应用环节的智能化的水平。物联网技术的各种技术应用如图 2.2 所示。

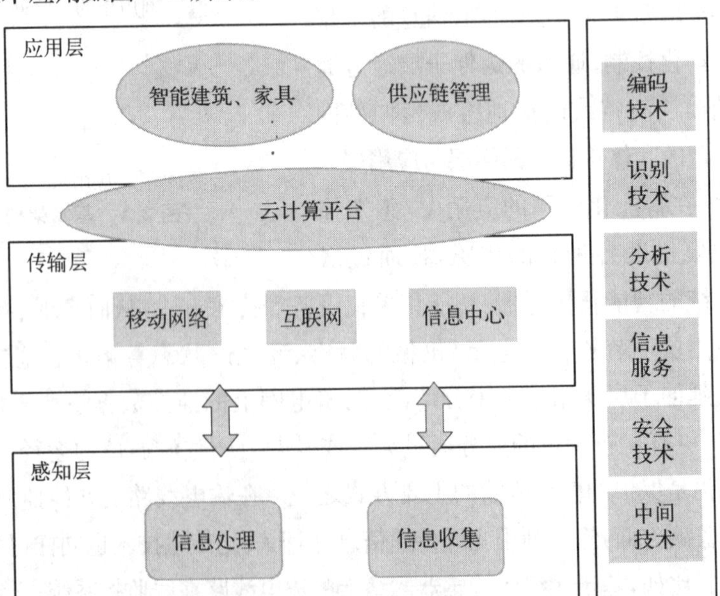

图 2.2 物联网结构示意图

四、物联网技术在智能电网中的应用

电网的各个环节重要运行的参数的在线监测，对设备的状态的预测、预防和调控，是基于可靠的监控信息建立的输电线路辅助决策与配电环节上的智能决策。通过加强与用户之间的双向互动，开拓新型增值服务，是建设智能化电网的部分核心任务。而这些智能化的任务的实现，就必须依靠于透彻化的信息感知、可靠数据的传输、健全的网络结构、海量信息化的智能管理和多数据集合的高效处理等高新技术，图 2.2 就是运用物联网技术工作的结构示意图，它包括应用层、传输层、感知层三个方面。

物联网技术以其独特优势能够满足用户智能化的电网发、输、变、配、用等很多环节上信息获取的实时性、准确性、全面性的需求。

通过物联网技术能在常规机组中布置传感的监测点，可以了解机组的整体运行情况，包括各类技术指标和参数，进而提高常规机组状态监测的水平。

通过在坝体上部署传感器网络，用来监测坝体的变化情况，能够规避水库运行中可能存在的各种风险。物联网技术还可以以风电、光伏发电厂等所处的微型气象的地理区域、地理环境为监测对象，通过微功耗的数据采集器核心设备，凭借气象传感器来进行风速、风向、覆冰之类气象的要素的实时采集，并实现对目前新能源发电厂的监管、控制与功率预测。

利用物联网技术，可以用来提高对输电线路、高压电气的电网设备上的感知能力，并且可以很好地结合信息通信网络，实现联合化处理、数据的传输、综合的判断等功能，提高电网的技术水平和智能化水平。对输电线路状态的监测是输电环节中重要的应用，其主要包括气象的环境监测、线路覆冰、导线的微风振动、导线的温度与弧垂、输电线路的风偏、杆塔的倾斜、图像的监控、绝缘子的污秽等监测。这些都需要物联网技术上的支持，主要包括传感器的技术、智能化分析和处理的技术、数据的融合技术以及可靠的通信技术。

利用物联网技术，能够提高电网设备自动化与数字化的水平、设备的检修水平和自动诊断水平。通过物联网，还可对设备的环境状态信息、机械的状态信息、运行的状态信息进行实时的监测与预警诊断，可以提前做好故障预判、设备的检修等工作。由于各种原因，电力设备有时会产生发热的现象，设备的各部位的温度是判别设备运行是否正常的一个重要参数，通过采用无线的传感器网络技术，也可实现对设备的运行温度的实时监测。同样的，物联网技术还可以用于电力杆塔或重要设施的全方位的防护。通过在杆塔或输电线路上部署各种智能传感器和感知设备等，组成多传感器的协同感知的物联网网络，实现目标的识别、侵害方式的有效分类和区域的定位，进而达到对电力设备的全方位防护目标。

由于电力现场的作业具有复杂性与危险性，电力现场的作业管理历来是电力事故生产的极为重要的环节，因此，常会出现因为错误操作而带来安全隐患。物联网技术在电力现场的作业监管方面就能起到重要的作用。比如，可以进行身份的识别、电子标签和电子工作票的识别、对环境信息的监测、远程的监控等，从而实现确认所需对象的状态，监控工作程序和记录操作的过程，进而减少错误操作产生的风险与安全隐患，实现在调度指挥中心和现场作业人员的有效互动。在电力的巡检管理方面，能够通过识别不同标签辅助设备的定位，指导巡检人员施行标准化与规范化的工作流程。通过智能巡检，可监控设备外界运行的环境，从而掌握运行的状态信息，进行辅助的状态检修和标准化的作业指导等。

智能电网是直接面向社会与客户的重要环节之一，智能化用电是社会各界感知与体验智能电网的建设成果的重要载体。

伴随智能化电网的发展，用户将可以实现和电网的双向性互动，提高用电的效率。同时，那些大量分布式电源、微型电网、电动汽车充放电设施、储能型设备也将陆续接入电网。物联网技术能有力支撑起这些业务的需求，拥有广阔的应用空间。

利用物联网技术能够有助于实现智能用电的双向交互服务，以及用电信息的采集、智能化家居、家庭的能效管理、分布式电源的接入以及电动汽车的充放电，为实现用户和电网的双向互动、提高供电可靠性和用电效率以及节能减排方面提供技术保障。

物联网技术同样也可应用在电动汽车及其充电网络的智能化管理方面。通过物联网技术还可以实时地感知电动汽车的运行状态、电池的使用状态、充电的设施状态以及当前网内能源的供给状态，通过对电动汽车和充电设施的综合的监测与分析，从而实现对电动汽车、电动电池、充电设施、人员与设备的一体化的集中管控、资源上的优化与配置，进而保证电动汽车的运行保持稳定、经济的状态。

物联网技术还可应用于电力的资产全寿命的周期管理。通过将射频的标签和标识的编码系统应用在电力设备，实现对电力资产的信息的智能化采集、自动化识别、资产的盘点、自动化巡检、智能的调配等，实现电力资产的全寿命周期管理，提高运转的效率，提升管理的水平。

智能电网信息化、自动化、互动化等特征，决定了当前的传统的电网需要在很多环节与先进的物联网技术进行融合。随着智能电网的进一步建设以及物联网技术方面的大量应用，未来会形成一个以电网的网络为依托，连接家庭与用户与用电设备上庞大的物联网的网络，成为“感知中国”的基础设施之一。智能化电网和物联网技术的相互渗透、深度融合和广泛应用，将能够有效地整合通信基础设施的资源和电力系统的基础设施资源，提升电力系统的信息化水平、安全运行水平、可靠供电与优质服务水平，降低当前的线损，提升电能传输效率与使用效率。

五、物联网在智能电网中的应用

电网各个环节运行参数的在线监测，如图 2. 3 所示。发电厂通过对设备状态的预测、预防、调控，基于可靠监控信息建立输电线路的辅助决策和配电环节的智能决策，加强与用户间双向互动，最终开拓新的增值服务。这些智能化任务的实现，依托于透彻的信息感知、可靠的数据传输、健全的网络架构、海量信息的

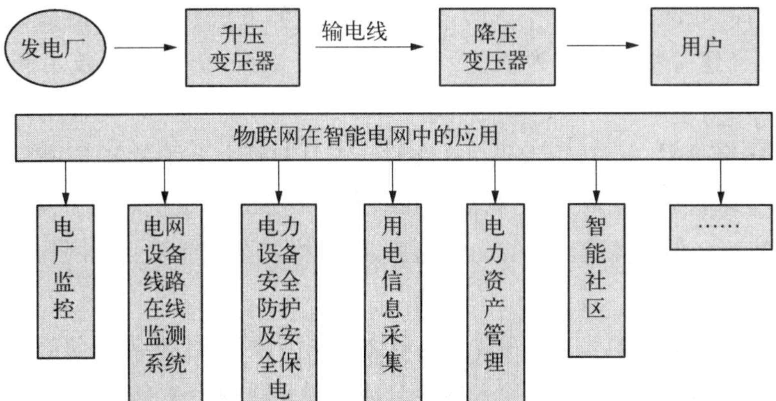

图 2. 3 物联网在智能电网中的运用

智能管理和多级数据的处理。

第二节　互联网环境下电能消费生态体系的主要特征

互联网环境下电能消费生态体系是利用互联网对能源消费体系进行改革，其主要特征是能源互联，旨在提高设备利用率、安全可靠性、电能质量以及开发可再生能源。它与传统电网相比，互联网能源的开放、互联和分享更加便捷，具有成本低的优势，而且赋予消费者更自主的权利。

一、能源互联网的概念

能源互联网是以互联网理念构建的新型信息能源融合"广域网"。大电网为"主干网"，微网为"局域网"。在"广域网"中能源的双向按需传输和动态平衡使用，能够最大限度地适应新能源的接入。微网是能源互联网中的基本组成元素，通过新能源发电，微能源的采集、汇聚与分享以及微电网内的储能等形成"局域网"。

尽管称为"能源"互联网，但由于电能在能源传输效率等方面具有无法比拟的优势，能源基本是以"电"的形式进行传输，也就是说未来能源基础设施在传输方面的主体必然还是电网。因此，未来能源互联网基本上是互联网式的电网。

能源互联网把一个集中式的、单向的电网，转变成和更多的消费者互动的电网，其构建需要以电网为依托。从电网角度来讲，仍有许多技术问题需要解决。

2015 年 9 月 26 日，习近平主席在联合国发展峰会上发表重要讲话，倡议探讨构建全球能源互联网，推动以清洁和绿色发展方式满足全球电力需求。习近平主席准确把握全球能源发展的大趋势，提出构建全球能源互联网的重要战略思想。

2016 年 10 月 21 日，国网江苏省电力公司下发《关于宣传贯彻落实全球能源互联网战略思想的通知》，深入开展全球能源互联网相关专题转载传播工作，进一步贯彻落实好全球能源互联网战略思想，推动全社会形成构建全球能源互联网的共识，促进国家战略思想扎根落地。

二、能源互联网的五大特征

能源互联网具备五大特征，如图 2. 4 所示：

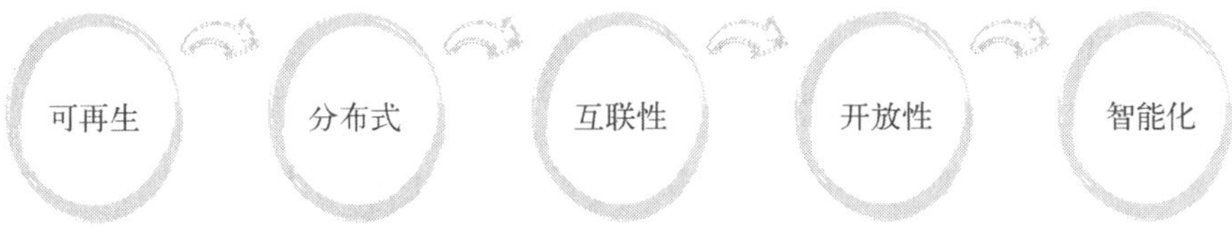

图 2. 4　能源互联网具备的五大特征

(一) 可再生

可再生能源是能源互联网的主要能源供应来源。可再生能源发电具有间歇性、波动性，其大规模接入会对电网的稳定性产生冲击，从而促使传统的能源网络转型为能源互联网。

(二) 分布式

由于可再生能源的分散特性，为了最大效率地收集和使用可再生能源，需要建立就地收集、存储和使用能源的网络，这些能源网络单个规模小，分布范围广，每个微型能源网络构成能源互联网的一个节点。

(三) 互联性

大范围分布式的微型能源网络并不能全部保证自给自足，需要联起来进行能量交换才能平衡能量的供给与需求。能源互联网关注将分布式发电装置、储能装置和负载组成的微型能源网络互联起来，而传统电网更关注如何将这些要素“接进来”。

(四) 开放性

能源互联网应该是一个对等、扁平和能量双向流动的能源共享网络，发电装置、储能装置和负载能够“即插即用”，只要符合互操作标准。这种接入是自主的，从能量交换的角度看，没有一个网络节点比其他节点更重要。

(五) 智能化

能源互联网中能源的产生、传输、转换和使用都应该具备一定的智能。

三、能源互联网的关键技术特征

(一) 可再生能源高渗透率

能源互联网中将接入大量各类分布式可再生能源发电系统。在可再生能源高渗透率的环境下,能源互联网的控制管理与传统电网之间存在很大不同,需要研究由此带来的一系列新的科学与技术问题。

(二) 非线性随机特性

分布式可再生能源是未来能源互联网的主体。但可再生能源具有很大的不确定性和不可控性,而且需要考虑实时电价、运行模式变化、用户侧响应、负载变化等因素的随机特性,能源互联网将呈现复杂的随机特性,其控制、优化和调度将面临更大挑战。

(三) 多源大数据特性

能源互联网工作在高度信息化的环境中,随着分布式电源并网、储能及需求侧响应的实施,包括气象信息、用户用电特征、储能状态等多种来源的海量信息,而且随着高级量测技术的普及和应用,能源互联网中具有量测功能的智能终端的数量将会大大增加,所产生的数据量也将急剧增大。

(四) 动态特性

多尺度动态特性能源互联网是一个物质、能量与信息深度耦合的系统,是物理空间、能量空间、信息空间乃至社会空间耦合的多域、多层次关联,包含连续动态行为、离散动态行为和混沌有意识行为的复杂系统。能源互联网作为社会/信息/物理相互依存的超大规模复合网络,与传统电网相比,具有更广阔的开放性和更大的系统复杂性,呈现出复杂的、不同尺度的动态特性。

四、能源互联网和智能电网的区别

智能电网的关键内涵是支持大规模光伏发电和风能发电等分布式电源的接入。与智能电网相比,能源互联网还能实现未来的能源系统由化石能源向可再生能源转变,支持大规模的储能系统的接入,支持与交通网络的融合,还有与互联网技术深度融合等。

智能电网的很多结构模式和杰里米·里夫金的能源互联网概念有相似之

处。由于国内能源需求结构的改变以及经济下行，对于电力的需求已经达到了一个阶段性的峰值，智能电网建设的前景并不乐观。而能源互联网的概念和内涵不仅契合智能电网的部分发展趋势，而且丰富了智能电网的内涵，从这点来说，能源互联网是智能电网的再延伸。所以说，能源互联网可以作为智能电网再起步的依托和方向性的指引。

能源互联网和智能电网有着本质的区别。智能电网的中心是电力系统。智能电网虽然能够与互联网技术相融合，但是智能电网始终需要电力系统作为支撑。广义的能源互联网概念里应当是没有中心的能源供需系统，甚至这一系统可以满足全球能源的输送和使用。

总的来讲，能源互联网比智能电网具有更大的广延性、开放性。它包含了智能通信、智能电网、智能交通等众多智能与绿色概念。

五、能源互联网与传统电网的区别

能源互联网的特点如图 2.5 所示：

图 2.5　能源互联网的特点

（一）开放

互联网环境下的能源消费在产业层面与技术层面具有很高的开放性，是能源行业与其他行业的交流媒介，促进能源行业与其他行业的相互融合。另外，能源互联网具备普适性的接入端口，能够实现对分布式能源、储能等多种设备的适应性对接，保证能量与信息的双向流动。

（二）互联

分布式可再生能源不受限制，能够随需求自由流动，实现能源共享。一方面，互联网能够保证局部能源设备之间的互联互通，保证分散式能源模块内部供需自平衡；另一方面，互联网能够保证分散式能源模块与集中式能源模块之间的互联协调，发挥两者之间的互补协同作用，有效提高系统运行的安全性和经济性。

(三) 对等

互联网将改变传统能源网络"自上而下"的组织形式,各参与主体既是"生产者",又是"消费者",各能源设备都具有发出与接收能量及信息的能力,在智能化的信息处理和能源流动过程中,各能量节点都是平等的。

(四) 分享

美国能源经济学家杰里米·里夫金在他的《第三次工业革命》一书中提出了能源共享的概念。能源共享是指互联网技术与可再生能源相结合,在能源开采、配送和利用上,从传统的集中式变为智能化的分布式,从而将全球的电网变成能源共享网络。这将会改变人类的商业模式和社会发展方向。通过共享,信息技术的发展将迈上新的台阶,而且会有越来越多的人加入到能源共享的行列中,能源共享势必成为一种大趋势。在能源领域,分布式能源的普及能让更多的人参与到清洁能源的生产,进一步促进可持续发展。

与此同时,互联网终端包括大量能源信息交互设备,这使得互联网成为各能源节点、信息节点之间进行能量流和信息流双向流动的平台。每个能源节点都有获取数据信息的权限与能力,这将进一步促进能源基础资源在广域范围内的优化配置。

第三节 互联网下电力消费设施服务

互联网环境下的电能消费与供电服务需要全面考虑用户端能源供用特征,依托微网端、分布式能源端的智能控制系统,基于云计算、大数据技术及互联网终端,满足用户个性化高效电力需求的用能方案。

在互联网环境下,电力消费生态体系中重要的一个环节是智能用电设施服务。其作用,一是为消费者提供各种智能用电设备,包括智能家电、智能插座、智能网关、能源网关等,支撑用户实施用电侧需求响应、分布式能源消费等内容;二是为消费者提供能源互联网的云、网、端、数服务,包括智能设备的联网、数据存储、大数据分析等内容。

智能用电,通俗来讲,是指通过对电力的智能化掌控和支配,以及通信技术支持下的电力信息终端交互功能,从而实现电力的优化配置、节能环保,使人们的生活变得更加轻松、便捷。智能用电这一概念的提出,与低碳经济下的节能用电需求和建设坚强智能电网的政策是密切相关的。

一、技术支持

（一）高速通信技术

其主要功能是将大容量的通信网络分布到有条件的小区和居民家中，满足用电数据采集和交互信息传输，涉及无线通信技术和无线组网技术的抗干扰能力。

（二）智能电能表技术

智能电能表属于多功能电能表。新一代智能电能表能够实现自动抄表、自动测量管理的功能，可以缓解抄表人员的劳动强度、降低人为因素造成的抄表误差。自动抄表功能还具有抄收和存储智能燃气表、智能水表等表计的功能，自动测量管理不仅能对动态浮动的快速响应、切换、实时结算，还可以记录异常的用电故障，能够对自身硬件运行状况进行自我诊断、评估、修复。

（三）智能采集技术

该技术主要是指对居民用户用电信息进行电能量和负荷数据的采集、用电设备数据的采集、在线诊断和实时数据的远传。根据实时采集来的信息，能够实现对负荷、整点电量、月累计电量、已购电费（量）、剩余电费（量）等日常用电数据的实时统计。

（四）交互终端技术

该技术基于网络化、人机交互、融合业务与功能，凭借用电信息采集系统网络平台，可直接向用户显示用电信息、警告信息及电价政策等相关内容。用户还可以通过简单操作，主动查询历史用电记录、历史缴费记录、历史数据统计图形等其他信息服务。

二、互联网下用电设施

互联网环境下的用电设施设备主要包含了电源侧、智能控制侧和用户侧三个部分。

（一）电源侧

能源互联网的电源供应主要由分布式清洁能源和部分用于调峰的柴油机组、燃气机组组成，为网络中的用户提供能源供应。

(二) 智能控制侧

在互联网框架下，主要依靠微网将电源与用户直接相连，同时，在微网上架构一个智能控制中心协调整个微网系统的运行。在电源侧实现分布式清洁能源与调峰机组之间的互补协调，同时，配合储能电池的有序充放电，通过发掘用户的需求侧响应资源，使用户端的负荷能够主动追踪清洁能源发电出力。

(三) 用户侧

用户端的负荷控制主要通过智能用电物联网数据采集、需求侧响应、用电大数据智能分析与诊断等工具来实现。控制中心将为每个用户提供一份详细的用能方案，帮助用户提高电能使用效率。

第四节　互联网环境下用电新装增容工作流程

电力常识中，新装用电和增容用电分别定义如下：客户因用电需要，初次向供电企业申请报装用电，称为新装用电；客户因增加用电设备，向供电企业申请增加用电容量，称为增容用电。新装、增容用电包括新装、增装变压器容量用电；新装、增装不经变压器的高压用电设备用电；新装、增装低压电力负荷用电；新装、增装照明负荷用电；申请多电源用电；申请自备电厂用电。

电力增容指的是用电方在进行生产经营的过程中，因为生产能力需求的扩大，原申请使用的用电容量(通常按照变压器的容量来计算，单位为 KVA)已经不能满足目前的生产经营需要，必须在原有的基础上申请增加容量。

用电方需要增加容量，必须向合法的供电主体(供电部门)提出书面申请，并出具用电方的相关申请资料，经供电方审核同意后方可进行。

一、用电如何办理新装(增容)

(一) 居民新装(增容)

1. 业务办理流程

业务流程如图 2.6 所示：

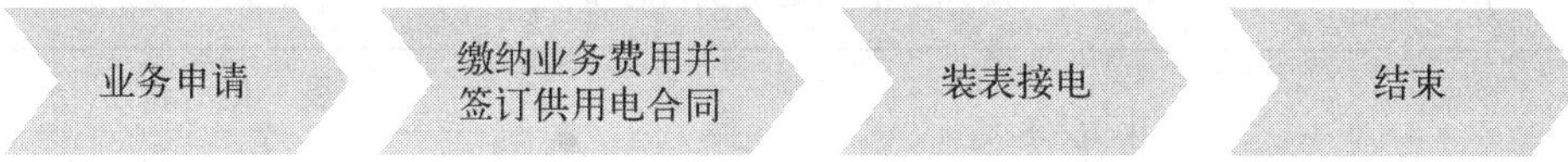

图 2.6　业务办理流程

如图 2.6 所示，居民新装（增容）业务的办理可通过业务申请、缴纳业务费用并签订供用电合同、装表接电的过程进行。

2. 业务申请所需资料

表 2.1 所示的是居民新装（增容）业务申请的服务方式以及所需的相关材料。

表 2.1　居民新装（增容）业务申请的服务方式以及所需的相关材料

<table>
<tr><td colspan="3">A-业务申请</td></tr>
<tr><td>服务方式</td><td colspan="2">您可通过供电营业厅、“国网江苏省电力公司”微信公众号、掌上电力 APP 或 95598 智能互动网站提交正式用电申请，也可通过 95598 客服电话、95598 智能互动网站等渠道咨询用电业务办理流程。我们为您提供全省异地业务受理服务，城区各营业厅均可受理全省范围内的用电申请</td></tr>
<tr><td rowspan="2">申请所需材料</td><td colspan="2">a. 房屋产权证明　b. 房屋产权人身份证明　c. 经办人身份证明及授权委托书。</td></tr>
<tr><td colspan="2">注：我们可在收到您的房屋产权证明或房屋产权人身份证明材料后为您提供“一证受理”，请您在现场装表接电时补齐其他资料。</td></tr>
<tr><td colspan="3">B-缴纳业务费用并签订供用电合同　C-装表接电</td></tr>
<tr><td>服务方式</td><td colspan="2">在受理您的用电申请后，我们将在下一个工作日内上门为您接电，同时与您签订供用电合同、向您收取居民电力增容费。您也可以预约其他工作日上门。如经勘查，现场不具备安全节点条件，我们将另行与您协商约定接电时间。</td></tr>
<tr><td rowspan="3">居民电力增容费</td><td>申请容量≤8 KW　280 元/户</td><td rowspan="3">注：具体收费标准见各地市物价部门发文</td></tr>
<tr><td>8 KW＜申请容量≤12 KW　850～980 元/户</td></tr>
<tr><td>12 KW＜申请容量＜16 KW　1 300～1 400 元/户</td></tr>
</table>

注：如果居民申请的用电容量超过 16 KW（含），需要自行委托具备资质的施工及设备供货单位进行受电工程建设。业扩工程应满足国家、行业和地方相关技术标准。

表 2.2 所示的是居民生活用电价执行标准。

表 2.3 所示的是居民峰谷分时电价执行标准。

表 2.2　居民生活用电价执行标准　单位：元/千瓦时

用电分类		电度电价	
		不满 1 千伏	1～10 千伏
居民生活阶梯用电	年用电量≤2 760 千瓦时	0.528 3	0.518 3
	2 760 千瓦时<年用电量≤4 800 千瓦时	0.578 3	0.568 3
	年用电量>4 800 千瓦时	0.828 3	0.818 3
其他居民生活用电		0.548 3	0.538 3

注：① 对家庭户籍人口在 5 人(含 5 人)以上的用户，每月增加 100 度阶梯电价基数。
② 对城市"低保户"和农村"五保户"家庭，每户每月给予 15 度的免费用电基数。

表 2.3　居民峰谷分时电价执行标准　单位：元/千瓦时

价格		高峰 8:00～21:00	低谷 0:00～8:00、21:00～24:00
居民分时电价	不满 1 千伏	0.558 3	0.358 3

(二) 低压非居民新装(增容)

1. 业务办理流程

低压非居民新装(增容)业务的办理流程图，如图 2.7 所示：

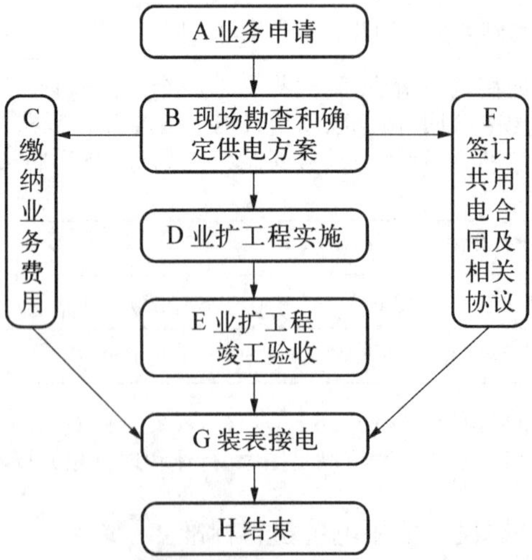

图 2.7　低压非居民新装(增容)业务的办理流程

2. 低压非居民电价执行标准

低压非居民电价的执行标准参见表 2.4 所示：

表 2.4　　低压非居民电价的执行标准　　单位：元/千瓦时

用电分类	电度电价
	不满 1 千伏
一般工商业及其他用电	0.818 3
农业生产用电	0.509

3. 低压企业电价执行标准

低压企业电价执行标准参见表 2.5 所示：

表 2.5　　低压企业电价执行标准　　单位：元/千瓦时

类别 \ 价格 \ 时段		高峰 08：00～12：00 17：00～21：00	平段 12：00～17：00 21：00～24：00	低谷 00：00～08：00
100 千伏（安）千瓦及以上普通工业	不满 1 千伏	1.386	0.818 3	0.372 8

4. 电热锅炉（蓄冰制冷）峰谷分时电价执行标准

电热锅炉（蓄冰制冷）峰谷分时电价执行标准参见表 2.6 所示：

表 2.6　　电热锅炉（蓄冰制冷）峰谷分时电价执行标准　　单位：元/千瓦时

类别 \ 价格 \ 时段		平段 12：00～17：00 21：00～24：00	低谷 00：00～08：00
服务于居民生活的电热锅炉蓄冰制冷用电	不满 1 千伏	0.548 3	0.262 8
非工业普通工业	不满 1 千伏	0.818 3	0.372 8

（三）高压新装（增容）

1. 业务办理流程

高压新装（增容）业务的办理流程参见图 2.8 所示：

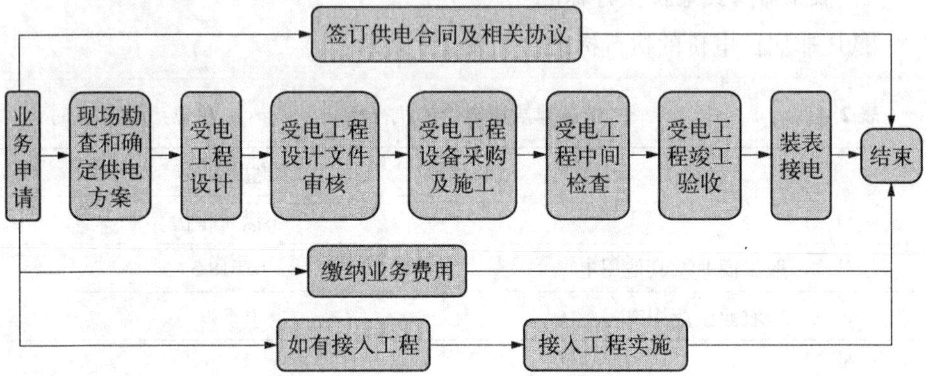

图 2.8　高压新装(增容)业务的办理流程

2. 电价执行标准

表 2.7 所示的是高压新装(增容)的电价执行标准,表 2.8 所示的是高压企业峰谷分时的电价执行标准,表 2.9 所示的是电热锅炉(蓄冰制冷)峰谷分时电价执行标准。

表 2.7　　高压新装(增容)的电价执行标准　　单位:元/千瓦时

高压用户电价执行如下标准:								
用电分类	电度电价						基本电价	
	不满 1 千伏	1~10 千伏	20~35 千伏	35~110 千伏	110 千伏	220 千伏及以上	最大需量(元/千瓦·月)	变压器容量(元/千伏安·月)
一般工商业及其他用电	0.818 3	0.803 3	0.797 3	0.788 3				
大工业用电		0.641 8	0.635 8	0.626 8	0.611 8	0.596 8	40	30
农业生产用电	0.509	0.499	0.493	0.484				

表 2.8　　高压企业峰谷分时的电价执行标准　　单位：元/千瓦时

高压企业峰谷分时电价执行如下标准：

类别	价格／时段	高峰：08：00～12：00 17：00～21：00	平段：12：00～17：00 21：00～24：00	低谷：00：00～08：00	
大工业用电	1～10 千伏	1.069 7	0.641 8	0.313 9	7～8 月季节性尖峰电价按照《关于明确 2016 年实施电力需求响应有关工作知》（苏经信电力〔2016〕283 号、《省物价局关于明确季节性尖峰电价实施有关问的函》（苏价工函〔2015〕39 号）和《省物价局关于明确季节性尖峰电价实施条件及有关事项的通知》（苏价工〔2015〕220 号）等季节性尖峰电价相关实施文件执行
	25～35 千伏	1.059 7	0.635 8	0.311 9	
	35～110 千伏	1.044 7	0.626 8	0.308 9	
	110 千伏	1.019 7	0.611 8	0.303 9	
	220 千伏及以上	0.994 7	0.596 8	0.298 9	
100 千伏安（千瓦）及以上普通工业用电	不满 1 千伏	1.363 8	0.818 3	0.372 8	
	1～10 千伏	1.338 8	0.803 3	0.367 8	
	20～35 千伏	1.328 8	0.797 3	0.365 8	
	35～110 千伏	1.313 8	0.788 3	0.362 8	

表 2.9　　电热锅炉（蓄冰制冷）峰谷分时电价执行标准　单位：元/千瓦时

电热锅炉（蓄冰制冷）峰谷分时电价执行如下标准：

类别	价格／时段	平段：08：00～24：00	低谷：00：00～08：00	
服务于居民生活的电热锅炉蓄冰制冷用电	不满 1 千伏	0.548 3	0.262 8	1. 非普通工业两段制分时电价的执行范围是宾馆、饭店、商场、办公楼（写字楼）、医院等用户中电热 2. 锅炉（蓄冰制冷部分用电。 3. 大工业生产车间的电热锅炉（蓄冰制冷）用电，执行大工业峰谷分时电价
	1～10 千伏	0.538 3	0.259 4	
非工业普通工业	不满 1 千伏	0.818 3	0.372 8	
	1～10 千伏	0.803 3	0.367 8	
	20～35 千伏	0.797 3	0.365 8	
	35～110 千伏	0.788 3	0.362 8	

第五节　互联网环境下电力客户用电申请与日常用电变更业务

一、传统模式下电力客户用电申请和日常用电变更业务

在互联网没有普及的时代，电力用户需要申请用电时，需要去营业厅填表申请，人多的时候还要耗费大量的时间排队，而且办理的时候可能还要花上半天的时间，不但客户不方便，而且营业厅人员的工作效率也很低。表 2.10 是传统模式下的客户用电申请书。

表 2.10　　申请书

苏电力统　01

国网××供电公司　　申请编号：________号

居民用电申请表　　用户编号：________号

<table>
<tr><td rowspan="13">填
写</td><td colspan="6">一、客户资料</td></tr>
<tr><td>户名</td><td colspan="5"></td></tr>
<tr><td>用电地址</td><td colspan="5"></td></tr>
<tr><td>联系人</td><td colspan="2"></td><td>联系人电话</td><td colspan="2"></td></tr>
<tr><td>用电人固定电话</td><td></td><td>用电人手机</td><td></td><td>传真
E-mail</td><td></td></tr>
<tr><td colspan="6">二、申请内容</td></tr>
<tr><td>申请类型</td><td colspan="5"></td></tr>
<tr><td>申请容量</td><td colspan="5"></td></tr>
<tr><td>供电方式</td><td colspan="5"></td></tr>
<tr><td>是否启用分时</td><td colspan="5"></td></tr>
<tr><td colspan="6">三、客户申明</td></tr>
<tr><td colspan="6">本申请表中的信息和提供的相关文件资料真实准确，阅读并接受《客户须知》各项条款，谨此申明。

经办人(签字)：
申明日期：　　年　月　日</td></tr>
</table>

续　表

<table>
<tr><td rowspan="2">告知栏</td><td colspan="9">客户须知</td></tr>
<tr><td colspan="9">1. 为保证能够及时将有关用电信息告知客户，请认真填写“客户填写栏”，并确保其有效性。如有变更，请及时前往供电公司办理变更手续。
2. 客户在办理业务时请提供：
a. 房产证明；
b. 房屋产权人身份证明；
c. 经办人身份证明；
d. 办理增容业务的客户，需提供电费交费卡或近期电费发票。
※房产证明是客户用电地址（建筑物）合法性的重要证明资料，可以是房产证、建房许可证、房管公房租赁证、房屋居住权证明等；
※身份证明可以是身份证、军官证、护照等有效证件；
※我们可在收到您的房产证明或身份证明材料后为您提供“一证受理”服务，请您在现场装表接电时补齐其他资料。
3. 24 小时供电服务热线：95598；客户服务网站：www. 95598. cn。</td></tr>
<tr><td rowspan="6">供电公司填写栏</td><td colspan="9">一、受理登记</td></tr>
<tr><td colspan="9">受理日期：　　年　　月　　日　　受理人：</td></tr>
<tr><td colspan="9">二、收费记录</td></tr>
<tr><td>收费项目</td><td></td><td></td><td></td><td></td><td></td><td>日期</td><td>业务</td><td>收费</td></tr>
<tr><td>居民电力增容材料施工费</td><td></td><td></td><td></td><td></td><td></td><td></td><td></td><td></td></tr>
<tr><td></td><td></td><td></td><td></td><td></td><td></td><td></td><td></td><td></td></tr>
</table>

同样，客户如需办理用电变更业务，需要去营业厅办理。变更用电内容有：减少或增加合同约定的用电容量；暂时停止全部或部分受电设备的用电；临时更换大容量变压器；迁移受电装置用电地址；移动用电计量装置安装位置；暂时停止用电并拆表；改变用户的名称；一户分列为两户及以上的用户；两户及以上用户合并为一户；合同到期终止用电；改变供电电压等级；改变用电类别。

二、互联网环境下电力客户用电申请与日常用电变更业务

当今社会已经进入了互联网时代，互联网给人们的生活带来了极大的便利。人们完全可以在家通过 APP 就能申请用电和用电变更业务，像“掌上电力”“电 e

宝”。人们可以直接下载 APP,然后注册,登录后就能办理相关业务。例如,手机下载“掌上电力”APP,然后通过手机号注册登录,完成相关基本信息后就能根据自己的需要点击相应的业务。通过该 APP 可以网上购电,网上报修,网上查询业务办理进度等。“掌上电力”APP 界面如图 2.9。

图 2.9　掌上电力 APP 界面

图 2.10　“电 e 宝”APP 界面

同样,“电 e 宝”APP 也具备这些功能,而且功能更多。注册登录后进入首页,客户可以根据需要选择相关选项,里面的选项包括掌上电力,客户可以点击掌上电力就能进行办电申请。除此之外,业务变更都可以通过这个 APP 进行。这样大大缩减了服务时间,提高了服务效率。“电 e 宝”APP 界面如图 2.10。

互联网和用电的结合是电网领域的一次新革命。“互联网 + ”的具体体现便是智能电网,“互联网 + ”将在电网的技术、服务、理念等方面带来很大的变化。

现如今,“互联网 + 能源”的模式意味着将互联网与传统电网相结合,借助于互联网发展电网核心技术,以此来加强用户体验感,创造一个真正的资源共享的时代。这对构建和谐的网络环境有着极大的促进作用。由此看来,未来电网发展的特征就是能源互联网时代。

在能源互联网模式的推动下,智能用电将应用在生活的方方面面,智能化将在电力领域得到普及。未来的电力客户,不管是个人客户还是工业客户,与电网的关系将是互动关系，客户随时随地都能与电网“对话”。这种积极的互动，不但能够提高电网的工作效率，而且客户的生活方式和品质将得到极大的改善，提升客户对电网的好感。同时，手机的普及使用有利于推动智能电网的发展，成为智能用电的工具。通过手机电力 APP，可以实现用电查询、电费缴纳、用电申请、与电网互动等功能。而且，越来越多的客户下载绑定关注，也能促使电力客户服务端其他附加价值的产生。这样更拉近了客户与电网之间的关系，为营造和谐的交易环境起到了促进作用。

总体来说，互联网的快速发展决定着互联网时代到来的必然性。所以，我们应该与时俱进。这就需要我们不断地学习，紧跟时代的步伐，给自己的生活带来便利，享受高质量的服务。

第六节　互联网环境下业扩工程报装流程

业扩报装是受理顾客用电申请，依据顾客用电的需求并结合供电网络的状况，制订安全、经济、合理的供电方案。其主要内容包括确定供电工程投资，组织供电工程的设计与实施，组织协调并检查用电顾客内部工程的设计与实施，签订供用电合同，装表接电等。它是从顾客申请用电到实际用电全过程中，供电部门业务流程的总称。业扩报装是电力服务的主要业务，与电力企业的经济发展密不可分。电力业扩报装是电力公司增供扩销提高经济效益的重要渠道，也是向顾客展示公司优质服务和经营管理水平的主要平台。在坚持“一口对外、便捷高效、三不指定、办事公开”工作原则的同时，进一步加强业扩报装规范管理，确保业扩报装工作规范、高效、有序运作，进一步简化用电手续，强化工程管理，缩短业扩报装周期，规范业扩报装工作程序和行为，提高服务效率和服务质量，树立供电企业良好形象。

一、引进信息技术作为技术支持

近些年来，我国的互联网发展迅速，信息技术在各行各业都有了很大的发展，并得到了普及。尤其以电力行业为代表的行业的技术含量取得较大进步。在电力营销的过程中引进信息管理系统，实现两者的有机结合，这成为衡量电力企业的发展水平和企业实力的重要标准之一。电力系统中的信息管理系统的功能较为强大、全面。电力企业通过信息管理系统，管理其业扩报装工作，不仅能拓宽电力营销的业务范围，获得更多的市场份额，而且，因其高效方便的性能，还能提高用户的依赖性。近几年，电力行业的竞争越来越激烈。为保证企业在电力市场中占取一定的份额，电力企业需要以用户的体验作为根本出发点，为用户提供更加全面的服务。在电力营销过程中，应强化管理监督制度，及时发现工作中的不足，及时调整自己的营销策略。作为电力营销人员，应当强化自身的综合素质，利用先进的营销观念以及营销方法，提高顾客的满意度。同时，电力营销管理人员应该实时掌握市场环境，加强对业扩报装流程进行整理与创新，提高工作效率，以实现电力企业的长远发展。

二、建立健全营销手段，推进业扩流程规范化

(一) 规范业扩报装工作

管理人员对以往业扩流程中的各个环节进行分析和研究，整合和精简业扩报装的基本工作。查看业扩报装的台账和客户的档案中客户所填写的用电申请书，以及营销信息管理系统之中所建立的业扩信息同客户的资料内容是否一致、完整和准确；查看所受理的业务是否符合了国家法律、法规、产业政策以及公司相关的制度规定；稽查受理客户申请时是否把有关申请的内容录入营销信息管理系统的业扩子系统，使得整个业扩流程从一开始便处于系统监管下。另外，在稽查流程时，先打开营销信息的管理系统，输入该客户名称、户标识号或是电表局号，再点击业扩信息和客户资料，对比原始的工作传单，查看工作人员签署的结束环节的日期，稽查该业务是否已经按时限的要求进行流程的流转，有无超时限等。

(二) 提供高效快捷的服务通道

针对统一业务活动，电力企业可以设计多种业务服务方式，给用户提供高效快捷的通道。在用户具备经济能力和信誉保障的前提下，电力企业可以等到相关业扩流程办理完毕至电力设备投入使用后，再予以用户缴纳费用。管理人员可以引进信息系统作为辅助管理，将用户用电信息以及电力数据进行及时公布，实现信息的实时共享，不断优化工作流程。引进信息系统的管理模式，不仅能够监控业扩报装的环节，还能预测设备故障，及时提出具有可操作性的整改措施，并且能够满足用户的多种需求，提高电力企业的服务水平，进而增强电力企业的

营销效果。

（三）完善管理制度提高经济效益

电力企业应制定有效的监管制度，规范电力营销中的业扩报装流程，以增强业扩报装流程的实用性，精简工作流程，提高工作效率，降低工作人员工作强度，并节约营销经济成本，进一步提高企业的经济效益。电力企业可以不断完善业扩报装管理方式，提高工作人员的专业知识水平及服务态度，为客户提供更加快捷方便的服务，这样可以有效地提高企业的形象和信誉，进而促使电力营销工作的顺利开展。

规范用电营销业务业扩流程是提高电力企业经济效益的主要手段，也是电力营销工作能够顺利开展的有效途径。在目前竞争越来越激烈的电力市场环境中，电力企业应当扩展业务，提高电力服务水平，进而在市场中占据更加有利的主导地位，以适应人民的需求，促进企业自身的健康发展。

第七节　互联网环境下供电方案的确定原则及流程

确定供电方案是业务报装工作的一个重要环节。供电方案合理与否，将直接影响电网的结构与运行是否合理、灵活。

客户供电方案主要是依据客户的用电要求、用电性质、现场调查的信息以及电网的结构和运行情况来决定。根据客户的用电容量、电压等级、用电限制、用电类别等明确客户执行的电价标准，从而确定计量方式、计量点设置、计量装置选型设置。

一、供电方案的确定原则

供电方案的确定原则如下：

（1）供用电应满足安全、可靠、经济、运行灵敏、管理便捷的要求，并留有发展余地。

（2）要符合电网建设、改造和发展规划要求；满足客户近期、远期对电力的需求，具有最佳的综合经济效益。

（3）具有满足客户需求的供电可靠性及合格的电能质量。

(4) 符合相关国家标准、电力行业技术标准和规程，以及技术装备先进要求，并对多种供电方案进行技术经济比较，确定最佳方案。

二、基本要求

供电方案的基本要求如下：

(1) 根据电网条件以及客户的用电容量、用电性质、用电时间、用电负荷、重要程度等因素，确定供电方式和受电方式。

(2) 根据重要客户的分级，确定供电电源及数量、自备应急电源及非电性质的保安措施配置要求。

(3) 根据确定的供电方式及国家电价政策，确定电能计量方式、用电信息采集终端安装方案。

(4) 根据客户的用电性质和国家电价政策，确定计费方案。客户自备应急电源及非电性质保安措施的配置、谐波负序治理的措施应与受电工程同步设计、同步建设、同步验收、同步投运。

(5) 对有受电工程的，应按照产权分界划分的原则，确定双方工程建设出资界面。制订客户用电方案时，应该了解客户的基本信息。

三、供电方案的流程

供电方案的确定视客户自身情况而定，以下是常见的几种情况：

(一) 居民一户一表报装工作流程

首先，受理客户申请；其次，现场勘察；随后，制订、答复供电方案；接下来，收取业务费并签订供用电合同；接着，装表派工、装表接电；最后，资料审核、归档。图 2.11 是居民一户一表报装工作流程图。

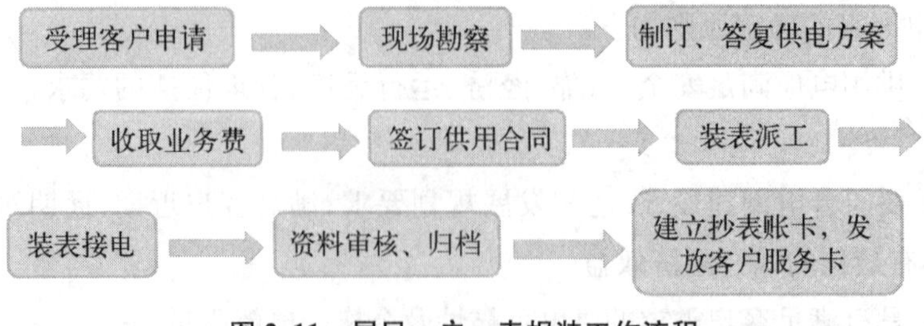

图 2.11　居民一户一表报装工作流程

(二)高压新装、增容、改压,低压非居民用户报装工作流程

第一,受理客户申请,现场勘察;接着制订、答复供电方案,收取业务费,设计单位资质核查,设计审查;其次,施工单位资质核查,工程施工中间检查,工程结束,审核,竣工报告、资料。

第二,组织竣工检验,签订供用电合同,装表派工,装表接电;然后服务质量调查,资料审核、归档;最后建立抄表账卡,发放客户服务卡。

低压非居民客户则均选择“非高耗能”项。单相选择“220 V”,三相选择“380 V”。

(三)暂拆流程和复装流程

暂拆流程和复装流程如图 2. 12 所示。

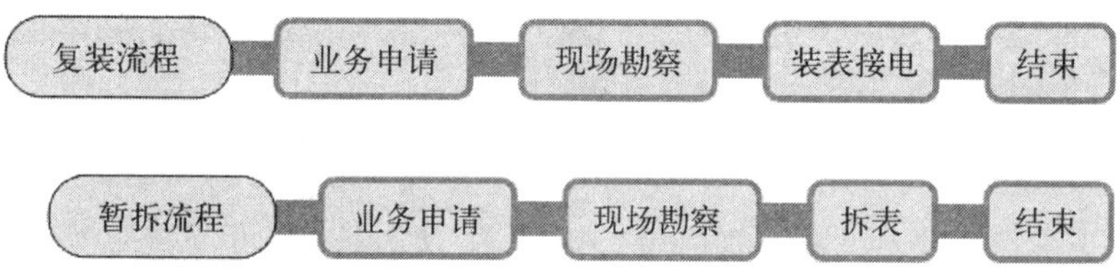

图 2. 12　暂拆流程和复装流程

思考题

1. 举例说明随着智能电网的发展,用户将如何实现与电网的双向互动。

2. 试说明新时期我国电网建设的问题和改进措施。

3. 互联网环境下电能消费生态体系的主要特征是什么? 能源互联网相较于传统电网的本质特征是什么?

4. 互联网环境下电力消费设施包括哪些方面? 电力消费设施服务依赖哪些技术?

5. 详述客户办理用电增容的流程。

6. 查阅资料,请分析传统的用电新装增容和互联网模式下的有什么不同。

7. 简要说明互联网模式下电力客户用电申请与日常用电变更业务和传统模式下的区别。

8. 说明如何在互联网模式下办理相关业务。

9. 业扩报装的概念是什么?

10. 业扩报装的流程是什么?

11. 互联网环境下供电方案有哪些基本要求?

12. 简述常见的供电方案流程。

第三章　互联网环境下电能运营管理

随着我国社会经济的大力发展与电力管理改革方面的不断推进，当前，我国电力行业的发展已经率先进入了智能化电网、大电网互联、优化型推进资源配置的新局面。可由于区域性的电力系统整合和地区的能源结构不平衡等各种因素的影响，当前，我国电力行业新情况、新问题不断涌现，这对电力管理方面不断提出了新的要求与挑战。而传统的电力管理模式几乎不能适应现代的电网集约化、产业精细化、智能管理化的需求。

随着计算机方面技术的快速发展，全球的信息化水平也在逐渐地提高。电力行业作为基础能源行业，当然也紧跟时代的步伐，迅速改进自身信息化的建设工作。为适应电力的市场化改革趋势，满足电力行业五大环节的发展和管理需求，各类电力信息管理系统层出不穷，这些系统改变了以往全人工低效率的面貌，在一定程度上促进了电力企业的发展。当下，我国电力企业正在使用的成熟的信息化管理系统为数众多，比如财务管控系统、规划计划的信息管理系统和信息调度管理系统等。

作为电力信息化发展带来的产物，这些系统已经在电力企业的实际使用中获得了比较显著的效果，大大提高了工作水平与工作效率。

基于智能化电网的理论和技术发展观，在加强电力系统的技术改造的同时，还应该不断地改进与优化我国现有的电力管理的模式。所以，为了保证整个电力系统的经济、安全、可靠、有效地运行，在电力行业中投入很多电力监控设备，并开发了大量信息化业务的管理系统，用来提供较为全面实时的电网的监控信息、告警信息、事故的记录和电力的运行数据，从而便于电力工作人员进行精细的管理与科学决策。

本章从电力消费的大数据着手，从电力计量装置的安装到当前互联网环境下的电力管理，为读者提供更多关于互联网环境下的电力管理知识。

第一节　电力营销大数据智能分析技术

我们知道，现代生活发展迅速，人们的生活节奏也在不断地加快，究其原因是科技的发达。先进的技术充斥着人们的生活，大数据也伴随着这些技术的产生而诞生，所以说大数据是无处不在的。大数据为什么能够盛行？所有的理由归结到一起就是两个字：有用。

大数据技术对人类用处极大，它可以用来预测商业的走势、医学中疾病的研究、路况的分析和犯罪率的统计等。可以说大数据已经渗透到我们生活的方方面面。

就拿我们平时用的智能产品来说，它既可以看作是一个数据存储器，同时，也能看作是多媒体化的数据展示平台。这个平台我们是可以用肉眼看到的。比如说，如今学校老师的教学模式已经从传统的板书变成了现在的与多媒体教学相结合的教学模式。

再比如说，手机电脑上各种软件 APP 都能呈现出大量的图片甚至动态图片，更先进一些的就是立体图像、3D 眼镜，这些都给人们带来了丰富的视觉盛宴。当然，这些都是大数据技术的功劳，这正是大数据盛行的原因。

电力营销大数据产品精细化处理需要采取的措施参见图 3.1。

不断提升电能质量，树立良好的营销服务形象

灵活运用价格政策，努力占据市场份额

积极开拓用电市场

积极构建优质的服务体系

完善"精细化"的信息管理平台

图 3.1　产品精细化策略

图 3.2 是大数据系统的生产控制、管理信息数据内容。表 3.1 是电网集约化的含义。

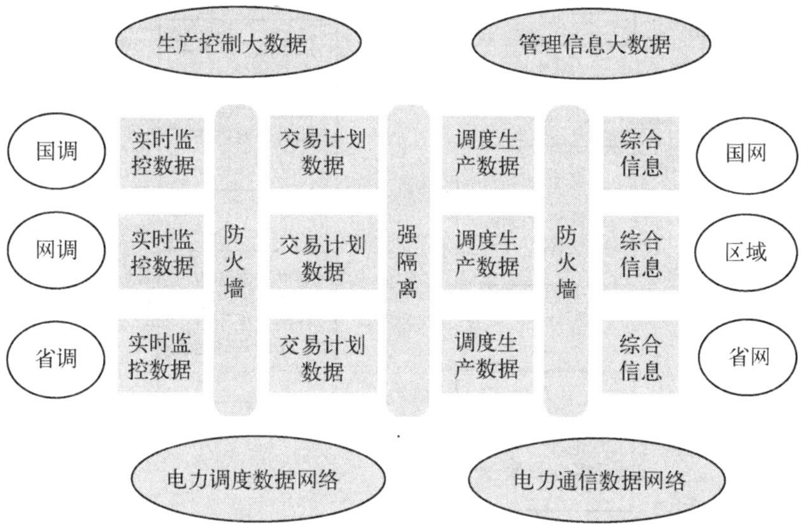

图 3.2　大数据系统的生产控制、管理信息数据内容

表 3.1　电网集约化的含义

电网集约化的含义	在输电网这一关键领域，集中一切资源建设坚强的国家电网，构建电网企业赖以生存的物质基础，在更大的范围内实现资源优化配置
	促进技术创新，实现电网技术装备的现代化
	大力推进公司体制、机制和管理创新
	优化管理流程，强化过程控制
	充分发挥信息技术在集约化管理中的作用。电网公司实施集约化管理的目的就是要完善公司决策体系，强化公司管理，提高资产运营效率，实现公司价值最大化

图 3.3 是电力行业的五大环节：用电报装环节，供用电合同环节，计量环节，变更用电环节，抄、核、收环节。

一、电力大数据

（一）大数据概念

大数据，顾名思义，是指庞大的数据量，又可以称之为海量数据、大型资料、数据库、数据集合。由于它的应用范围很广，各行各业对它都有自己的理解和概括。大数

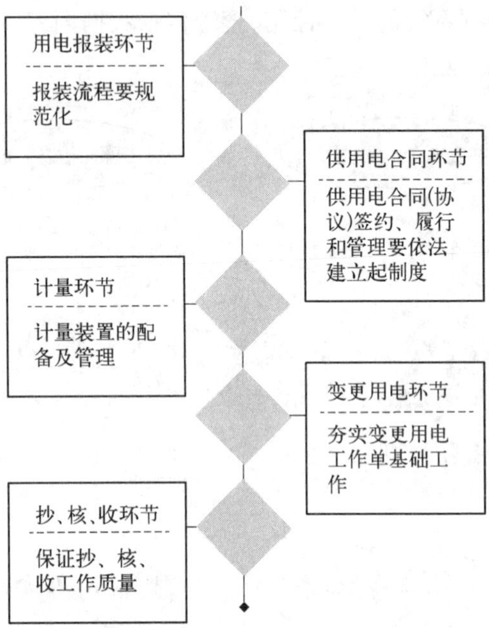

图 3.3　电力行业五大环节

据的表面理解比较浅显简单,就指一种数据群。但这个数据群的范围很广很大,令人难以想象。大数据深层的含义比较难以概括,它可以是一种技术,也可以是一种新型概念,还可以是一种处理人类生活生产的方法。概括来说,大数据指的是,所涉及的数据量规模巨大,以至于人工无法在合理时间内收集、管理、处理并最终整理成为人类所能理解的信息。大数据含义如图 3.4 所示。大数据不仅是一项由多学科、多领域结合而成的综合性技术,也是一种哲学观,一种方法论,有其哲学基础。大数据是协调人类精神和外在物质世界的媒介和手段,它适合于认识统计规律和混沌规律。

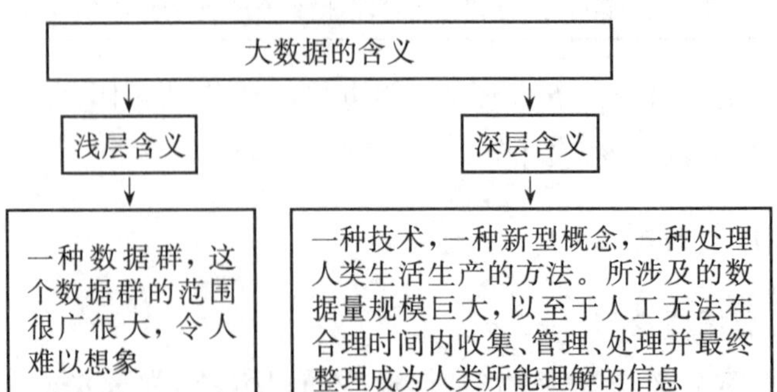

图 3.4　大数据的含义

电力大数据指智能电网在发电、配电、输电、营销及管理等各个环节产生的大量数据。由部署于各种设备上的大量传感器、安装在各用电户家中的智能电表、营销系统收集的客户反馈等数据源产生并汇聚到集中的数据中心统一存储管理。电力大数据是建设稳定、可靠、高效、节能的智能电网的支撑性元素之一。分析电力大数据，能够提升智能电网的精益化管理水平，制订更科学的生产计划，优化能源输送调度，建立更准确的用户用电行为模型等。

大数据技术的意义着重于对数据专业化的处理。它要以高效的方式处理大量的数据。适用于大数据的相关技术有大规模并行处理(MPP)数据库、数据挖掘电网、分布式文件系统、分布式数据库、云计算平台、互联网和可扩展的存储系统。

(二) 电力大数据发展历程

图3.5是电网的发展历程，包括三个过程：小型电网、互联大电网、坚强智能电网。

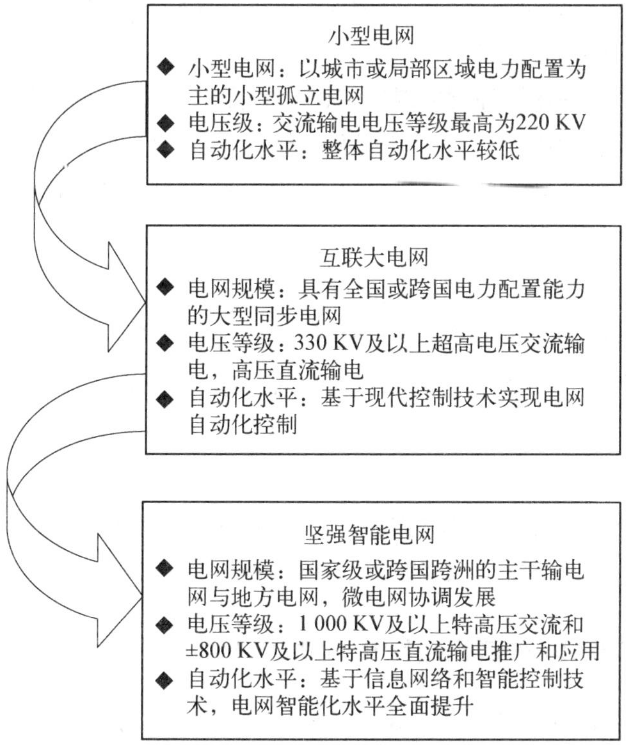

图3.5 电网的发展历程

(三) 电力大数据的特点

图 3.6 是电力大数据的特点。

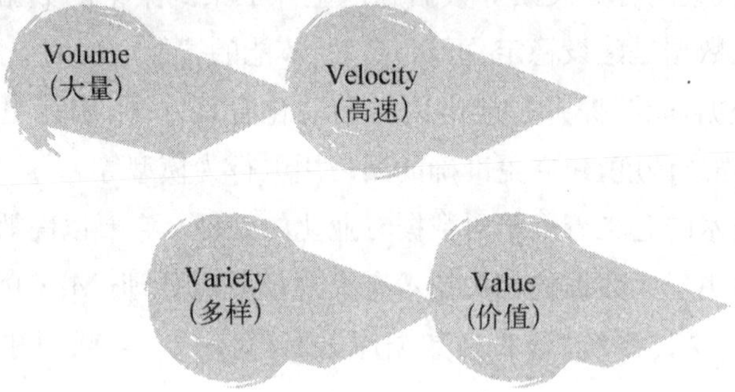

图 3.6　大数据的特点

1. 大量(Volume)

随着智能电网建设的持续发展,各种终端数据收集设备仪器得到广泛的应用,通过这些仪器设备所采集的数据规模庞大到呈指数级激增的态势。

2. 多样(Variety)

传统模式下的数据种类呈现出结构化的特征,而互联网的发展导致其产生的数据的种类急剧增加,出现了大量的半结构化、非结构化的数据,比如,音视频资料中所产生的数据就包含这种特性。同时,数据类型的多样性要求存储和处理技术的多样性。

3. 高速(Velocity)

电力大数据的高速主要体现在两个方面:一是采集,二是处理。由于数据的数量以及种类的庞大,这就要求数据的采集和处理的高速,以此提高工作效率。

4. 价值(Value)

电力生产中所采集的数据都是日常工作的核心,数据是大数据时代的主体。人们日常的生产生活都离不开数据,所以大数据在互联网时代是极具价值的。

二、电力大数据营销及智能分析技术

大数据营销,又称为数据驱动型营销,是以多平台的大量数据以及大数据技术为基础,应用于互联网广告行业的一种营销手段。大数据由各类传统结构型数据及互联网中非结构型数据组成。营销部门想要实现最高的数据利用率，其方式是将大数据与公司内部数据有机结合。

数据分析技术包括数据挖掘、机器学习等人工智能技术，应用于电网安全在线分析、间歇性电源发电预测、设施线路运行状态分析等方面。鉴于电力系统安全稳定运行的重要性以及电力发、输、变、配用的瞬时性，电力大数据需要更精确的分析结果。

电力企业是现代社会公共事业服务行业。为广大用户提供更好更优质的用电服务，是电力企业目前追求的目标。这就促使电力企业开始探寻、尝试和应用现代主流创新技术，使其服务转型与升级得到快速的提升。智能电网建设的不断推进，致使电力企业在发电、输电、变电、配电和用电各个环节产生了海量的数据。但是，这些数据在系统间分布复杂，运用传统的数据处理分析方式已经难以处理，难以达到电力企业对智能电网运营分析的标准。所以，这就需要运用大数据智能分析技术来处理这些海量杂乱的数据信息。

随着人们生活水平的不断提高，居民用电在整个社会用电量中所占比重日益增加。电力企业需要更好地了解居民用电消费习惯，改善电力企业的供电服务。由于没有技术手段的支持，传统的数据分析主要集中在数据统计的可视化展现，对数据的分析挖掘能力较为欠缺，少部分数据分析功能也是采用传统的趋势分析、比较分析、散点图分析等方法，而且分析的数据集过于单一，准确性较低。随着大数据技术的深入研究，对海量数据分析处理能力逐步提高，能挖掘居民用电数据更多的价值，在电力数据、气象地理信息、社会经济等多源数据融合分析的基础上，派生出新的应用，给电网可靠运行和精益化管理带来新的技术，同时，极大地促进了对用户服务水平的提高。

三、几种常见的智能数据分析法

在大数据时代，虽然传统的智能数据分析法已经不能顺应时代潮流，但是依然有一定的相似性，相关理论和技术依然可以沿用。这些理论包括如下几种：

(1) 决策树。这种数据分析方法需要以信息论为基础。这种方法实现的输出结果容易理解，不仅精确度较高，效率也高，缺点就是不能分析处理复杂的数据。

(2) 关联规则。这种方法主要被用于事物数据库中，通常带有大量的数据。

目前,这种方法被用来削减搜索空间。

(3) 粗糙集。这种数据分析方法能够对数据进行主观评价,只要通过观测数据,就可以清除冗余的信息。

(4) 模糊数学分析。这种数据分析方法能够对实际问题进行模糊的分析,与其他的分析方法相比,可以得到更为客观的效果。

(5) 人工神经网络。这种数据分析方法具有自学习功能,在此基础上还具有联想存储的功能。

(6) 混沌和分形理论。这两种理论主要用来对自然社会中存在的一些现象进行解释。一般用来进行智能认知研究,在自动控制等很多领域中也有应用。

(7) 自然计算分析方法。这种数据分析方法根据不同生物层面的模拟与仿真,通常可以分为群体智能算法、免疫算法、DNA 算法三种不同类型的分析方法。群体智能主要是对集体行为进行研究;免疫算法具有多样性,经典的主要有反向、克隆选择等;而 DNA 算法属于随机化搜索方法,它可以进行全局寻优,在此基础上还能自动调整搜索方向,在整个过程中都不需要确定的规则。目前,DNA 算法普遍应用于各种行业,并取得了不错的成效。

这些数据分析法可以概括如图 3.7 所示。

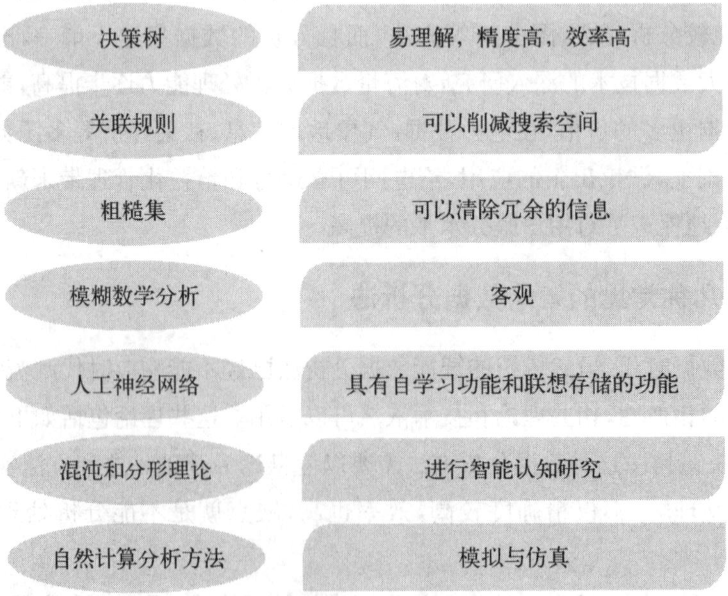

图 3.7 几种常见的智能数据分析法

大数据具有一定的复杂性。对数据进行有效处理，需要依赖新的智能分析技术。目前，已经有专家针对大数据提出了新的智能分析技术方案，例如HAVEn、Teradata Aster 分析平台。经研究，发现推出的一系列分析方案，基本上离不开 Hadoop 分析平台。图 3.8 是 Hadoop 分析平台结构图。从图中可以看出，Hadoop 主要分为两大部分：一个部分是分布文件系统，专家称之为HDFS；另一个部分是分布计算系统，专家称之为 MapReduce。一般来说，HDFS 主要表现为主从结构。其中，主结构称为名字节点，主要功能是管理元数据；从结构通常称为数据节点，主要功能是用来存放或者管理相关的应用数据。一个 HDFS 系统能够支持的数据非常庞大，一般能够达到 10PB 数量级。因此，HDFS 系统能够应用于大数据处理分析。同时，为了能够更好地支持大数据，在HDFS 系统的基础上，还继续构建 Hbase 系统，该系统的接口语言设为 Pig。并且还构建了 Hivi 系统，该系统主要属于数据仓库。此外，还构建了机器学习软件包 Mahout，这样可以对大数据进行有效管理以及分析。这些新的智能数据分析融合了多种传统的技术，能够对大数据进行更全面、高效的分析。

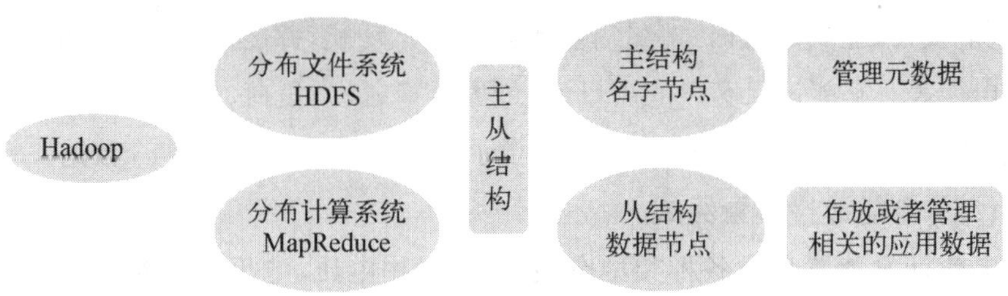

图 3.8　Hadoop 分析平台

第二节　互联网环境下电能计量装置的安装

一、电能计量装置

电能计量装置是用于测量、记录发电量、供(互供)电量、厂用电量、线损电量和用户用电量的计量器具。

电能计量装置如图 3.9 所示。电能计量装置是指由电能表(有功、无功电能表，最大需量表，复费率电能表等)、计量用互感器(包括电压互感器和电流互感

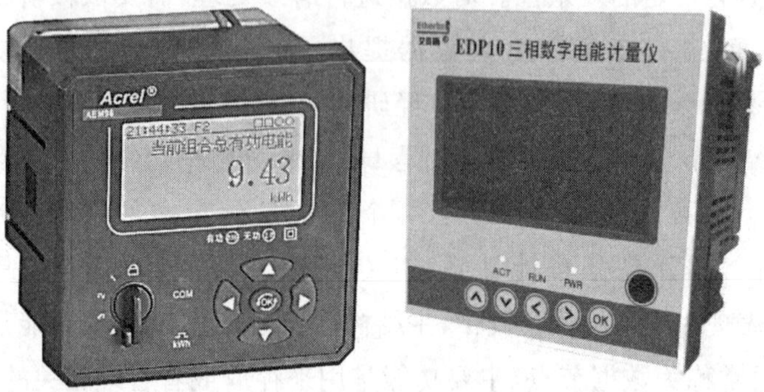

图 3.9　电能计量装置

器)及二次连接线导线构成的总和。

二、电能表

(一) 多功能电子式电能表

多功能电子式电能表是由测量单元和数据处理单元等组成，除计量有功(无功)电能量外，还具有分时、测量需量等两种以上功能，并能显示、储存和输出数据的电能表。它能记录客户的需量值、最大负荷、最小负荷、最大负荷和最小负的发生时间、电压值、电流值、缺压缺流指示、反相记录指示等几十个数据。

(二) 电能计量装置组成

电能计量装置包含各种类型电能表，计量用电压、电流互感器及其二次回路、电能计量柜(箱)。

(三) 安装要求

(1) 按照 DL/T5137－2001 的规程规定安装计费电能表。

(2) 低压表箱下沿离地面高度应为 1.7～21 m，暗式表箱下沿离地面高度应在 1.5 m 左右，计量柜表箱下沿离地面高度应为 1.2 m。

(3) 电能表与保护装置合装于继电器屏上时，电能表宜装于屏中部；其水平中心线宜距地面 0.8 m 及以上。

(4) 配电装置处的配电柜、配电箱上的电能表的水平中心线宜距地面 0.8～1.8 m。

(5) 电能表的安装应垂直，倾斜度不要超过 1°。

(6) 当几只电能表装在一起时，表间距离不应小于 60 mm。

(7) 对 10 kV 及以下电压供电的用户，应配置专用的电能计量柜(箱)；对 35 kV 及以上电压供电的用户，应有专用的电流互感器二次连接线，并不得与保护、测量回路共用。

(四) 电能表的作用

电能表是一种用途最广的计量电能的电气仪表，是工农业生产和家庭中必备的计量工具，在国民经济中具有重要的地位。在电力系统发、供、用电的各个环节中，装设了大量的电能表，用来测量发电量、厂用电量、供电量、售电量、线损电量等。

(五) 电能计量单位

有功表计量单位为千瓦・时(kW・h)，无功表计量单位为千乏(K・Var)。

三、接线方式

(一) 电能计量装置的接线方式步骤

(1) 接入中性点绝缘系统的电能计量装置，应采用三相三线有功、无功电能表。接入非中性点绝缘系统的，应采用三相四线有功、无功电能表或三只感应式无止逆单相电能表。

(2) 接入中性点绝缘系统的 3 台电压互感器，35 kV 及以上的宜采用 V/v 方式接线，接入非中性点绝缘系统的 3 台电压互感器，35 kV 及以上的宜采用 Y0/y0 方式接线。其一次侧接线方式和系统接地方式相一致。

(3) 低压供电，负荷电流为 50 A 及以下时，宜采用直接接入式电能表；负荷电流为 50 A 以上的，宜采用经互感器接入的接线方式。

(4) 对三相三线制接线的电能计量装置，其 2 台电流互感器二次绕组与电能表之间宜采用四线连接。对三相四线制接线的电能计量装置，其 3 台电流互感器二次绕组与电能表之间宜采用六线连接。

(二) 一般工作中常见的错误接线方式

(1) 电压钩子打开。

(2) 电流线圈的进线反接。

(3) 三相四线电能表电压线中性点与电路中性线断开。

(4) 三相四线有功电能表 A 相电流互感器极性接反。

(5) 感应式三相四线无功电能表相序接反。

(三) 电能计量装置的错误接线种类

(1) 电压回路和电流回路发生短路或断路。

(2) 电压互感器和电流互感器极性接反。

(3) 电能表元件中没有接入规定相别的电压和电流。

四、互联网环境下的计量装置

"互联网+"是利用信息通信技术和互联网平台,让互联网与传统行业进行深度融合,创造新的发展生态。充分发挥互联网在社会资源配置中的优化和集成作用,将互联网的创新成果深度融入经济、社会等各领域之中,提升全社会的创新力和生产力,形成更广泛的以互联网为基础设施和实现工具的经济发展新形态。

在互联网的环境下,我们要开展"多表合一"信息采集建设应用,积极拓展代抄代收业务规模。依托国网电商,构建支撑水、电、气、热等用能费用代收业务的服务平台,加快实现档案管理和联合抄表功能系统的应用,为客户提供方便、灵活的用能费用交付结算服务,拓展耗损分析、用能分析、客户行为分析、客户信用分析等增值服务。

利用互联网和"多表合一",我们可以加快推进采集数据专线推送,使用大数据系统,分析用电统计,监测产能利用率,分析业扩用电趋势,应用业扩可开放容量计算功能。为了更好地发展互联网下的电能计量装置,我们可以采用数字化电能计量装置。数字化表变电站的电能计量装置不仅具有更高的精度和扩展性能,互感器二次可开路或短路还更具有安全性,可以有更精密的数据分析结果。

第三节 互联网环境下电能计量装置的运行管理

电能计量是电力企业生产经营管理过程中的一个重要的基础环节。电能计量涉及千家万户,计量装置数量很多,其管理水平的高低不仅影响着电力企业的经济效益,也影响着电力企业的形象,严重的计量问题还可能引发与用户的纠纷。

一、电费抄、核、查一体化工作

（一）电费抄、核、查内容

如图 3.10 是电费抄、核、查三个部分内容。

图 3.10　电费抄、核、查

根据国网部署，江苏省电力公司在完成抄表、采集等开放的岗位融合的基础上，在售电市场的改革背景下，优选试点市、县公司，勇于创新，突破传统业务管理模式，尝试进一步优化“三集五大”体系架构，如图 3.11 所示。与移动作业应用、营配调末端业务相融合，从业务流程简化、班组整合、岗位人员减编、管理费用的降低、新型管理业务的宣传培训等方面进行深入的研究，突出试点改革成效。

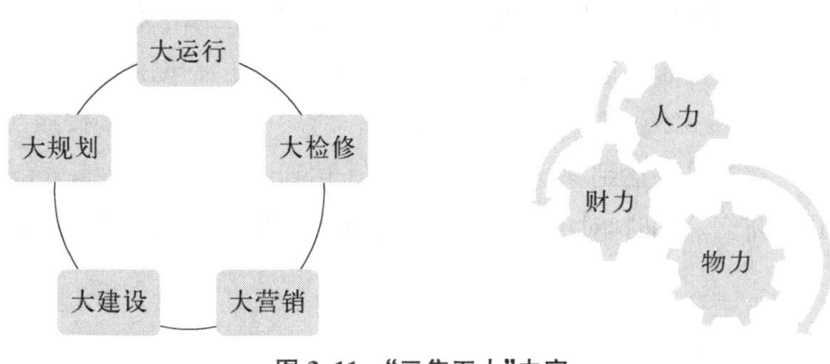

图 3.11　“三集五大”内容

同时，为构建采集、核算、发行、通知、收费、账务一体化自动作业模式，要开展以下工作：

1. 加快优化抄表示数智能审核

加快优化智能核算管理,可以减少抄表示数的差错,提升电网工作的服务质量与工作效率,通过自动计算、电量电费防火墙、黑白名单管理、智能发行的建设,最终实现智能化核算管理。

2. 优化电费智能化核算

要积极总结抄、核流程中各类差错和异常,分析异常产生的原因,研究差错和异常的标准化判断规则和处理流程。针对不同用户类别制定不同计算规则,从现场抄表或者远程抄表获取数据后进行示数审核,通过对不同性质用户设置审核规则进行智能自动审核(异常用户需要重新抄表获取数据),再通过对不同用户设置电费核算审核规则,然后再进行智能核算得出用户最终实际消耗的电费。此外,还需要广泛收集规则优化需求和建议,改造营销业务系统,减少人工工作量,提高自动化作业覆盖率,降低核算集中和抄采融合中对核算班和采集运维的人员配置需求。

3. 加快费控业务的推广和应用

国网公司已经多次强调费控业务对售电侧放开后公司经营效益的重要影响。因此,要深入研究吸引客户的推广策略,为费控客户提供更加优质的增值服务。要进一步推动费控系统和渠道功能改造,提升系统运行的稳定性、缴费的便捷性和通知的准确性。

4. 调整优化电费指标统计口径

根据国网电费专业发展重点,以及从降低电费资金安全风险的角度出发,自2016年3季度开始优化电费同业对标统计口径:对承担国网和省公司试点任务的单位进行加分,对电子化缴费比例调整为“掌上电力”、“电e宝”、95598网站等自有渠道的缴费比例;增加费控业务的权重;对居民电费回收率按照当月月底达到99.6%、次月月底达到99.96%设定阀值,达到后即该分项为满分,未达到则按实际值进行排名。同时,对供电所同业对标体系中电费回收率指标也进行同样的整改。

二、计量资产在线管控工作

2016年,计量资产在线管控工作重点是:开展基于全寿命周期数据的计量器具质量分析与评价、完善计量装置在线监测与智能诊断应用。截至2016年9

月，江苏省电力公司已经完成营销系统、用采系统和分拣系统中的故障数据梳理、基于 Aprior 算法的数据分析模型建立、计量装置在线检测与智能诊断模型建立。下一步计划就是，继续在数据准确获取、模型优化和部署应用等方面开展工作。

1. 计量器具质量分析与评价

计量器具质量分析与评价工作取决于计量器具装拆、分拣、返修、报废等数据准确性。截至 2016 年 9 月，江苏省累计分拣拆回智能电能表 56 万只，分拣完成率 55%，累计返修返回智能表 24 万只，返回利用率 78%。

要加强计量资产的管控，杜绝业务流程超期现象，定期开展资产盘点分析，确保资产全寿命关键环节监测数据准确获取，有效支撑基于全寿命周期的智能电能表故障数据分析工具，使模型算法能够实现预期目标。规范计量资产装拆、分拣、返修、报废等流程管理，确保业务数据录入完整、信息准确，持续推进拆回资产的规范化分拣与返修资产的返回再利用。全面开战计量库房智能化建设，确保年内实现三级库房智能化周转柜全覆盖，提升计量库房智能化管理水平。

2. 计量在线监测和智能诊断应用

开展计量在线监测和智能诊断应用，需开展多维度台区线损综合分析、构建设备状态异常预测模型。同时，应用成效还与采集通信信道、设备工况以及运维质量等因素有关。

遵循“集中监控、分级维护”的原则，推进计量在线监测的运维工作，建立安装、调试、故障处理和运维工作纵向维护体系，推动采集设备、电能计量装置等运维质量提升。进一步完善优化设置诊断模型，并在采集系统统一部署应用，通过主站智能分析和现场维护的方式，完成计量设备故障的排查和处理。

第四节 互联网环境下电力用户群体分析

如今，我国的经济发展迅速，随之而来，电力体制也需要不断推进改革。“互联网 + ”技术的推广，使客户的使用方式和消费方式发生了翻天覆地的变化，与此同时，传统行业的竞争能力也得到了大大提升。

在 2015 年的政府工作报告中提及，制订“互联网 + ”行动计划，推动移动互联网、云计算、大数据、物联网等与现代制造业结合，促进电子商务、工业互联网和互联网金融健康发展。在“互联网 + ”和进一步的电力体制改革背景下，客户的使用习惯和消费方式正发生着翻天覆地的变化。正因如此,研究和掌握客户对电力的需求变化,积极应对面临的新挑战,努力提升企业竞争力,对于企业具有重要意义。

一、"互联网+"的内涵

"互联网+"是对传统行业的更新换代。"互联网+"是创新2.0下的互联网发展的新业态,是知识社会创新2.0推动下的互联网形态演进及其催生的经济社会发展新形态。"互联网+"就是"互联网+传统行业",即传统行业基于通信技术的发展和移动互联平台,大跨度地实现了资源优化配置和商业模式再造,大幅提升企业生产服务效能,大大提升了传统产业的竞争能力。例如,"互联网+购物",催生了淘宝、京东、当当等电商平台,用户不用出门就可以购买自己想要的大多数产品,快速满足客户需求并且进行有效的反馈。"互联网+金融"催生了许多掌上投资和理财产品,例如余额宝、理财通等,以及第三方支付、移动支付、P2P网贷、众筹等互联网金融,使金融服务走进大众的日常生活。"互联网+"的中心就是互联网,这是"互联网+"计划的出发点。"互联网+"计划具体可分为两个层次的内容来表达。一方面,"互联网+"作为一个整体概念,"互联网+"是希望通过传统产业的互联网化完成产业升级。互联网通过开放、平等、互动等网络特性在传统产业运用,通过大数据的分析与整合,理清供求关系,通过改造传统产业的生产方式、产业结构,来增强经济发展动力,提升效益,从而促进国民经济健康有序地发展。另一方面,也可以将"互联网+"的文字"互联网"与符号"+"分开理解。符号"+"意味着联合。这表明了"互联网+"计划的应用范围为互联网与其他传统产业。它是针对不同产业间发展的一项新计划,应用手段则是通过互联网与传统产业进行联合和深入融合的方式进行。

二、"互联网+"背景下电力市场环境变化分析

随着电力体制改革的不断深入推进,电力市场发展也如雨后春笋,电网企业的经营及其往后的发展,正面临着新情况和新挑战。电力市场开始从传统的"卖方市场"向"买方市场"转变,电力营销问题也随之而来。

(一)市场竞争加剧

如今需要一场新的电力体制改革来打开电力市场。电力体制改革会使竞争环境变得更加复杂,市场需求也变得更加多样化。然而,由于历史原因,我国的

电力市场一直是垄断经营，所以大多数电网企业缺乏竞争意识，电力服务和客户的需求有一定的偏差，指定服务流程时尽可能方便内部管理，而不是如何去满足客户的需求，在面对竞争对手时，缺乏竞争力。

（二）盈利模式改变

大幅度改变供电企业的运营模式，也是本次电力体制改革的重点。供电企业的盈利方式将从传统的“吃差价”向服务提供商逐步转变。所以，提高运营效率、整合内外资源、转变运营模式将成为供电企业发展的一大要求。

（三）能源互联网发展迅速

能源互联网是互联网和新能源技术相融合的全新的能源生态系统。它具有“五化”的特征：能源结构生态化、市场主体多元化、能源商品标准化、能源物流智能化及能源交易自由多边化。大数据分析、机器学习和预测是它的技术支撑。

“能源互联网”将构建一个“能源资产场”。“能源互联网”匹配供需信息，整合分散需求，形成能源交易和需求响应。使每一个个人都变成能源的供应者和消费者，随时随地交易电力，例如电动汽车及屋顶分布式光伏电站。

国内发展进程：

2015 年 9 月，在纽约联合国总部的联合国发展峰会上，中国国家主席习近平发表了题为《谋共同永续发展　做合作共赢伙伴》的重要讲话。提出了“中国倡议探讨构建全球能源互联网，推动以清洁和绿色方式满足全球电力需求”。

2016 年 2 月，发布的《关于推进“互联网+”智慧能源发展的指导意见》指出“能源互联网建设近中期将分为两个阶段推进，先期开展试点示范，后续进行推广应用”。

2017 年 9 月，随着能源互联网的进一步推广，中国与周边其他国家间能源互联互通已经初具规模。国家发改委副秘书长费志荣说：“下一步，中国将稳步推进国内能源互联网建设，优化电网布局，提高国内能源资源优化配置能力。加快能源互联网示范项目建设，积极研究提出配套政策措施，为能源互联网新模式、新业态发展预留充足发展空间。”

（四）新兴技术的快速发展使公司数据资产运营面临新的挑战

（1）目前，各类新兴技术发展迅速，企业生产力随之迅速提升。智能配电网、新能源发电并网、储能技术、节能新技术等能源技术，正推动着电网生产方式向智能化、多元化方向转变，也对服务和营销模式带来了一定影响。例如，仿真模拟系统、人工智能自动化、图像识别技术、智能机器人等自动化技术正推动着服务互动智能化水平的不断提升。

(2) 云计算、大数据、可视化等信息技术已经进入各行各业，正在创造一种新的商业模式。

(五) 客户需求变化

移动互联网的发展使消费者的服务需求发生改变。消费者的服务需求，从长期单一化演变成碎片化、即时化。随着生产效率逐步提升，时间在不断增加，移动互联网重构了时间分布和实现方式。用电群体对服务体验的要求越来越高。客户需求会有巨大的改变。

三、互联网环境下的服务

(一) 个性定制

服务业演化最终是围绕人类需求层次提升进行的。互联网时代，获取公共信息的成本比较低廉，更多普通用户也希望服务供应商能够满足自己的需求。

(二) 高效便捷

客户期望通过移动互联、云计算、多媒体、可视化技术等新兴技术的应用，能够享受到远程服务。远程移动互联和视频互动技术越来越成熟，已经可以实现自动填单、电子签名等业务办理，也可以实现电力营销全业务线上申请，线上完成业务申请、用电咨询、缴纳电费、故障报修等业务办理，利用云计算和大数据，快速定位故障点，高效完成故障处理。

(三) 客户服务趋势

在"互联网+"背景下的电力服务中，客户自然人或家庭可以作为与供电企业交互和被识别的主要方式，电力客户能享受"一点接入，全面服务"的一站式服务，通过大数据及移动互联网技术，享受用电分析报告和个性化优化用电建议书。用能监测仪可以实时采集用户的用能信息，为客户提供精准的用能分析及优化用电方案。

(四) 智能服务

利用营销技术、现代通信技术、信息技术，构建智能用电服务体系。通过智能交互终端、智能家电，依托双向互动用电服务技术、智能社区支撑技术、用电信息采集技术、智能量测技术等，实现对家用电器用电信息的自动采集、分析、管理，实现家电经济运行和节能控制。

(五) 精准服务

根据地点、时点和交付方式的不同，电力服务能够对客户的用电需求做出精准的反应，为客户提供高质量的用电体验，提高服务触点交互界面的友好性。尊重客户自身特点，提供个性化的精准营销服务，特殊需求特殊处理。

第五节 互联网环境下购售电用户信用评价与风险管控体系

一、国外售电市场信用体系建设

为了降低市场的整体风险，售电公司参与竞争性市场必须满足市场的信用要求。国外很多国家在售电主体申请从事售电业务时，要求满足一定的信用要求。

表 3.2 是几个国家电力信用的比较。

表 3.2 各国信用比较

美国	美国俄亥俄州：售电主体提供穆迪、标准普尔或惠誉等几家信用评级机构提供的信用评级报告，并提供银行的担保承诺等
	美国得克萨斯州：售电主体或其担保公司必须提供 50 万美元的信用保证金
英国	监管机构为了降低售电公司欠费的风险，要求售电公司在申请许可证时必须提供银行担保的信用证或者一定的安全保证金
法国	要求售电公司向配电公司提交相当于未来一个月配电费用的保证金
澳大利亚	售电公司向配电公司提交相当于未来一个月配电费用的保证金，缴纳保证金数额还与信用等级挂钩，信用等级越高缴纳的保证金越少。澳大利亚还要求任何时间保证金账户的余额都必须不小于未来一个月配电费用的保证金，如果少于保证金额的 90%并持续超过 10 个工作日，将撤销其售电资格

二、国内售电市场信用体系相关政策

电改 9 号文配套文件《关于推进售电侧改革的实施意见》要求加强信用体系建设，包括信息披露和信用评价两方面。

(一) 信息披露

建立信息公开机制。省级政府或由省级政府授权的部门定期公布市场准入

退出标准、交易主体目录、负面清单、黑名单、监管报告等信息。市场主体在省级政府指定网站和"信用中国"网站上公示公司有关情况和信用承诺，对公司重大事项进行公告，并定期公布公司年报。

(二) 信用评价

建立市场主体信用评价机制。省级政府或由省级政府授权的部门依据企业市场履约情况等市场行为，建立市场主体信用评价制度，评价结果应向社会公示。建立黑名单制度，对严重违法、违规的市场主体，提出警告，勒令整改。拒不整改的列入黑名单，不得再进入市场。

2016 年 10 月，国家发展改革委、国家能源局发布《售电公司准入与退出管理办法》，对售电市场信用体系建设提出：(1) 建立完善售电公司信用评价制度；(2) 信用发布；(3) 失信联合惩戒等。

建立完善售电公司信用评价制度。依托政府有关部门网站、电力交易平台网站、"信用中国"网站和第三方征信机构，开发建设售电公司信用信息系统和信用评价体系。建立企业法人及其负责人、从业人员信用记录，将其纳入全国信用信息共享平台，确保各类企业的信用状况透明，可追溯、可核查。

第三方征信机构定期向政府有关部门和电力交易机构报告售电公司信用评价和有关情况，并向社会公布。

国家能源局派出机构和省级政府有关部门根据职责对售电公司进行监管。对违反交易规则和失信行为按规定进行处罚，记入信用记录，情节特别严重或拒不整改的，经过公示等有关程序后纳入涉电严重失信企业黑名单。强制退出的售电公司直接纳入黑名单。

建立电力行业违法失信行为联合惩戒机制。对纳入涉电严重失信企业黑名单的售电公司及负有责任的法定代表人、自然人股东、其他相关人员(以下简称"当事人")采取以下惩戒措施：

(1) 电力交易机构 3 年内不再受理该企业注册申请，其法定代表人 3 年内不得担任售电公司的法定代表人、董事、监事、高级管理人员。

(2) 对当事人违法违规有关信息向金融机构提供查询服务，作为融资授信活动中的重要参考因素。

(3) 限制当事人取得政府资金支持。

(4) 对当事人申请公开发行企业债券的行为进行限制。

(5) 工商行政管理、总工会、行业协会等部门和单位在法定代表人任职资格、授予荣誉、评比先进等方面,依法依规对其进行限制。

(6) 按照相关法律法规进行处罚。

广东、重庆等9个开展售电侧改革试点的省份,对于售电市场信用体系的建设都提出了相应的规定,但是都不如《售电公司准入与退出管理办法》透彻。下文为国家版本的售电公司进入市场信用承诺书。

售电公司信用承诺书(国家参考范本)

(市场成员名称),系一家具有法人资格/经法人单位授权的(售电/配售电)企业,企业所在地为________________,在________工商行政管理局登记注册,统一社会信用代码:________,法定代表人:________,住所:________________,资产总额:________,年售电量不超过________亿千瓦时/不限制,供电电压等级________千伏(拥有配电网运营权的售电公司填写),供电范围________________(拥有配电网运营权的售电公司填写)。

本企业严格遵循国家/省参与电力市场的各项准入条件,严格按要求配备参与电力市场交易的人员、技术条件,自愿参与电力市场交易,并公开作出如下承诺:

1. 本企业是按照《中华人民共和国公司法》登记注册的企业法人。

2. 本企业严格按照准入条件规定的售电量范围开展售电业务。

3. 本企业拥有10名及以上专业人员,掌握电力系统基本技术、经济专业知识,具备电能管理、节能管理、需求侧管理等能力,有三年及以上工作经验;拥有一名及以上高级职称和三名及以上中级职称的专业管理人员。

4. 本企业具有与售电规模相适应的固定经营场所及电力市场技术支持系统需要的信息系统和客户服务平台,能够满足参加市场交易的报价、信息报送、合同签订、客户服务等功能。

5. 本企业将按时办理完成和正确使用电力交易平台第三方数字证书认证,保障账户和电力交易平台数据安全。

6. 本企业严格按照规定向电力交易机构报送相关资料和信息,保证公示和提交的材料信息完整、准确、真实,不存在弄虚作假、误导性陈述或者重大遗漏的情况。

7. 本企业对参与电力市场交易相关政策和规则已进行了全面了解,知悉参与电力市场交易应负的责任和可能发生的风险,并将严格按照国家法律法规和相关文件规定、市场规则和交易机构有关规定从事交易活动。

8. 本企业承担保密义务,不泄露客户信息。

9. 本企业服从电力调度管理和有序用电管理。

10. 本企业严格参照国家颁布的售电合同范本与用户签订合同，提供优质专业的售电服务，履行合同规定的各项义务。

11. 本企业按照国家有关规定，在政府指定网站和"信用中国"网站上公示公司资产、经营状况等情况和信用承诺，按要求提供信用评价相关资料和信息，依法对公司重大事项进行公告，并定期公布公司年报。

12. 本企业自愿接受政府监管部门的依法检查，发生违法违规行为，接受政府执法部门及其授权机构依照有关法律、行政法规规定给予的行政处罚，并依法承担赔偿责任。

13. 本企业严格执行国家、省级政府或政府相关部门、监管机构、电力交易机构制定的各项制度、规则，保证诚实守信、遵纪守法，积极履行企业社会责任和职责义务。本企业及其负责人无不良信用记录。

售电公司须对1～13条内容作出承诺，拥有配电网运营权的售电公司在1～13条基础上还须对以下14～22条内容作出承诺：

14. 本企业注册资本不低于资产总额的20%。

15. 本企业拥有20名及以上与从事配电业务相适应的专业技术人员、营销人员、财务人员等，其中拥有2名及以上高级职称和5名及以上中级职称的专业管理人员。

16. 本企业生产运行负责人、技术负责人、安全负责人具有五年以上与配电业务相适应的经历，具有中级以上专业技术任职资格或者岗位培训合格证书。

17. 本企业承担经营区域内配电网安全责任，确保承诺的供电质量。

18. 本企业按照规划、国家技术规范和标准投资建设经营区域内配电网，按照政府核定的配电区域从事配电业务，负责经营区内配电网运营、维护、检修和事故处理，无歧视提供配电服务，不干预用户自主选择售电公司。

19. 本企业具有健全有效的安全生产组织和制度，按照相关法律规定开展安全培训工作，配备安全监督人员。

20. 本企业具有与承担配电业务相适应的机具设备和维修人员，承担对外委托有资质的承装(修、试)队伍的监管责任。

21. 本企业具有与配电业务相匹配并符合调度标准要求的场地设备和人员。

22. 本企业承诺履行电力社会普遍服务、保底供电服务义务。

以上承诺如有违反，本企业愿意承担相应责任，并接受处罚和相关惩戒措施。

承诺单位(盖章)：

法人代表(签字)：

承诺时间：

社会经济的发展离不开供电企业电力的供给，而供电企业的生存与发展又离不开电费的回收。供电企业必须意识到电费回收问题所带来的各种风险，通过自身电费风险管理能力的提高，以及一系列电费回收风险预防及处理措施，来避免和减少供电企业电费回收难现象。只有这样，才能保障供电企业的资金周转安全及经济利益。

我国当前的经济环境下，电力企业需要像其他企业一样参与竞争，而其最终是否能够赢得胜利、扩大市场，与其营销效果有着密切关联。所以，电力企业做好相关的营销工作非常的重要。目前，在电力企业的营销过程中还是存在一定的问题，导致电费风险问题比较严重，使电力企业遭受的损失比较严重。在这一背景下，电费风险管理显得尤为重要，成为电力企业亟须解决的问题。

三、造成供电企业电费回收困难的现实状况的因素

(一) 用户的复杂性

供电企业所面向的用户是社会所有民众、企业和单位，这就决定了其客户群体的复杂性。特别是有些企业用电大户，一旦经营不善或者资金出现问题，就容易产生恶意欠费的现象，甚至会因为企业的倒闭而使拖欠的电费成为坏账，进而带来电费回收风险。另外，供电企业虽然改制为企业，但仍然与地方许多单位机构关系密切，如市政府、法院、检察院等。这些单位机构由于管理及构成的特殊性，时常会对供电企业电费的回收产生一定的阻碍，甚至会产生拖欠电费或不缴电费的情况。而对于这种现象的产生，供电企业往往会顾及与单位机构之间的关系，进而在电费回收过程中缺乏积极性和主动性，导致电费回收困局的形成。

(二) 收费方式不灵活

由于供电企业客户群体的广泛性和复杂性，决定了电费回收问题可能产生于任何一个有人居住的地方。而受成本的限制，供电企业无法在每个存在电能消费的地方都设置收费点。对于有些用电较少的客户，由于没有收费点，缴费存在不便，所以，很容易产生欠缴电费的情况，造成电费回收困难。加上关系电、人情电、权力电等不良现象的存在，进一步增加了电费回收难度，直接损害了供电企业的利益。另外，目前我国农村留守人口较少，且以老人和孩子居多，这在一定程度上了也增加了电费回收的难度，对于这类用户，电费回收风险也是有存在的可能。

四、供电企业电费风险策略分析

(一) 技术支撑有效规避风险

实行先购后用的购售电方式，着手购售电系统的建设和使用，大力推广购电制，努力实现购售电、电量实时监控、低电量报警、跳闸等多功能于一体的技术手段。同时，严格执行高压新装、欠费复电客户一律安装远程费控装置并纳入购售电系统管理。建立客户电费回收风险预警和欠费客户用电管控方式。客户电费回收风险预警包括定期风险预警及季度、年度风险预警。电网公司结合区域客户群的用电性质、产业状况、客户生产经营现状以及市场经济形势，对客户提出月度、年度预警。不定期预警，根据国家产业政策、电费电价政策调整、目标客户生产经营状况发生重大变化以及法人代表变更等突发情况，及时提出风险预警。充分利用用电采集系统，实施高压客户用电信息监控。借助系统中客户用电负荷曲线、实时用电电量等信息，结合电费回收风险预警和目标客户信誉等级，预判客户生产经营用电情况，以确保目标客户的电费回收。建立信息交流平台，实行电费回收重要信息的快速响应和对接制度。对客户办理的新装、增容、减容、暂停、销户等业务申请工单进行内部资源共享，实现抄、核、收业务快速响应和电费回收的有效对接。

(二) 多元化电费缴费方式的建立

诸多电费欠费现象的发生，很大程度上受单一电费缴费方式的影响。因此，为了提高供电企业电费回收效率，供电企业应健全和建立多元化的电费缴费方式，以适应不同用电客户的需求。这些支付方式如下：

(1) 现金支付。它可以有效立即缴纳电费，但是不易携带，而且容易引起拐骗、敲诈。

(2) 银行转账。银行转账是较为普遍的缴费方式，可通过网络银行或手机银行直接缴费，将电费快速转至供电企业。该方式方便、快捷，目前，在城市已得到了较为广泛的推广，还需进一步向农村普及。

(3) 银行代扣。银行代扣目前进行得较为深入，客户可以通过与银行签订委托代收电费协议，实现电费的定期自动扣除，避免花费过多时间和精力去主动缴费。但银行代扣要进一步改变传统先消费、后扣款的方式，转变为先缴费、后消费的方式，从而在一定程度上避免一些客户由于银行卡余额不足而带来的电费回收风险。

(4) 自助缴费终端。利用自助缴费终端,客户可以随时办理,解决了受营业时间限制的问题。而且,客户通过自助缴费终端可登录到缴费界面,查询电费信息,选择现金缴费和银联卡缴费多种缴费方式,更灵活、更便捷。该方式目前在城市已得到了较为广泛的推广,还需在偏远地区多增设自助缴费终端,方便更多的电力客户缴费。

(5) 支付宝缴费。支付宝这种新型的缴费方式,方便了活跃在网络上的年轻人,比较时尚,且操作非常方便。但该方式目前熟知的群体基数较少,需要增强该缴费方式的宣传力度,让更多的人了解该缴费方式的方便和快捷。

(6) 微信支付。目前,第三方支付兴起,微信具有安全可靠的技术保障。用户可以通过手机快速支付。微信可以绑定银行卡,方便了用户的电费缴纳。目前,微信缴纳电费已经实现扫码支付、公众号支付、APP 支付,并且有红包、代金券、立减等优惠。

(7) 使用“拉卡拉”缴纳电费。操作方法如下:按照“拉卡拉”上的提示找到“公共事业缴费”,选择“电费”,输入用户手机号,按确定键,之后,输入电费户号(10 位),按确定键,显示应缴费金额,然后,使用银行卡刷卡,输入银行密码,按确定键,显示交费成功。

(8) 网上银行缴纳电费。如果你是开通网上银行的用户,那么你可以通过网上银行缴纳电费,操作流程如下:首先登录银行网站;后登录个人网上银行,点击“缴费站”,选择“省市”,选择其中的“公共事业费”,然后提交;选择“公共事业费”中的“电费”后,在框中输入客户编号(10 位)以及户主姓名后提交,这里也可以不输户主姓名,提交后会出现户主姓名,然后输入缴费金额确认;如果这个月的费用已经出现,可以直接点击确认,费用即缴纳成功。交费无需手续费。

(9) 到开通电费缴纳业务的银行网点现金缴纳电费。顾名思义,用户直接到有电费缴纳业务的银行,直接到柜台现金缴纳电费。告诉银行工作人员电费户号(10 位)直接缴费即可。

(10) 供电营业窗口现金缴纳电费。供电公司开通了营业窗口,用户可以就近到窗口现金缴纳电费。

(11) POS 机刷卡缴纳电费。如果你已经办理了银行卡,可以直接把足够电费的钱存入卡中，到电网营业厅POS机刷卡交电费即可。如果你还没办理银行卡，可以到银行办张银行卡后再到电网营业厅POS机刷卡交费，没有任何的手续费。

(12) 电话银行缴纳电费。如果你的银行卡开通了电话银行业务，你就可以通过电话银行缴纳电费。例如，工行可以进行如下操作：

① 拨打95598，外地拨打需要加拨区号；

② 按1号键“中文服务”；

③ 按4号键“缴费通”；

④ 输入存折账号(卡号)后再按#号键；

⑤ 输入密码后按#号键；

⑥ 按4号键缴电费；

⑦ 输入电费户号(10位)；

⑧ 按提示输入应缴费金额，输入缴费金额后按1确认；

⑨ 听到“缴费成功”提示音后挂机即可。

(13)“充值卡”缴纳电费。居民可以购买供电公司发行的电费充值卡交费。操作方法如下：

① 拨打当地供电企业的服务热线95598，异地拨打方法为行政区号+95598；

② 按照语音提示的操作，选择充值卡服务按数字键9；

③ 输入充值卡号，即卡上刮开的号码；

④ 输入电力客户编号，按#号键后交费成功。

(14) 银联“全民付”。扬州电网公司为拓展农村电力客户的交费渠道，缓解供电所营业窗口排队交费压力，在市郊各供电所营业厅安装“全民付”自助式刷卡缴费机，推行电费缴纳自助服务，受到客户的欢迎。该自助缴费机是继“福农卡”代扣、POS机、“一站通”等交费方式之后的又一便民举措。用户只需在此终端机上选择公共业务缴费，进入“电力缴费”，输入用电户号，便能查到电费金额，再经过银行卡刷卡，输入密码即可完成电费缴纳。

(15) 广电数字电视缴费。为了更好地方便客户，扬州供电公司借助于银行与广电合作渠道，利用数字电视宽带平台，以家庭用户双向机顶盒为客户终端，实现了客户足不出户就能自动缴费的新模式。

除了健全以上缴费方式外，供电企业还要加强以上缴费方式的宣传，让广泛用户了解供电企业目前所建立的各种缴费方式，从而便于用户选择适合自己的缴费方式。

第六节　互联网环境下的电价管理和电费管理

伴随着改革开放和社会经济的高速发展，我们的生活水平有了很大程度上的提升，对高优质型的生活质量有了新的要求。在人们生活水平的提升中，电力扮演了一个极其重要的角色。比如，在现在的家庭中，电器已经必不可少，所以，电力同人们的生活已经密不可分。而在电力上，之前传统的手工抄表、核算、收费的工作已经很大程度上不符合当前经济发展的需要了。因而，在信息化高速发展的社会大环境下，我们抄表工作也应当顺应当前形势发展，适应人们生活的需求。所以，确切保障抄表工作时的准确性、快捷性和智能化就显得非常有必要，急需对抄表管理的工作进行创新与发展研究。

21 世纪是一个信息化技术发展相当快速的时代。所以，人们的生活也随之而进入了信息化时代，信息化的发展是社会发展所带来的一个必然趋势。

大数据处理和存储已经是目前信息化发展所不可分割的主体。因为它数据量大、效率很高、保密性较好，以及便于保存等优点，作为一项新技术已经逐渐进入了人们的视野。而作为与人们生活极为相关的抄表工作，也迫切需要紧跟信息化发展的步伐，应当改变之前传统的方式，融合相关的电子信息技术，探讨出一个符合目前生活需求的技术。

一、传统方式的弊端

(一) 抄表准确率低

因为当前整个抄表工作是员工用眼睛读数并进行记录的，之后再录入系统，所以，中间任何的一个环节出错都会导致抄表工作的失误，这也使得电费核算时必然会出错。此外，抄表人员的工作态度同样也是导致抄表错误的一个极为重要的因素。比如，一个工作人员因为他做事的马虎或者私人的事情心情不好，经常容易造成工作上的失误。

(二) 人工成本高

伴随着经济的快速发展,人们生活水平在提高,人们的工资水平也在相应地提高,人力成本也在不断地提高。所以,如果所有工作都是靠人工来完成,则需要投入相当多的人力。举个例子,一个抄表人员每天所抄表的数目是极为有限的,等他把采集的数据传送回去,还需要等待人工来进行录入,等到录入完成后,还需要等待专业人员进行最后核算。这样整个流程慢慢走下来,所需要的人力、物力可想而知。

在雇用人员的同时,如何管理员工同样是一大问题。所以,需要专业的部门以及人员对员工进行管理,而这一块又会加大人力成本。因此,之前传统的抄表方式,已经完全不适应当前的经济发展环境,它带给企业的人力成本极高,严重降低了企业的经济效益。

(三) 整体工作的效率低,电费回收速度慢

因为当前整个工作都是靠人工来完成,所以,必然具有延迟性。但是,每个人每天的工作量又是有限的,所以,在整体的工作总量不变的情况下,所要完成的工作必然需要更多时间。而大量的数据通过繁忙的人工录入核算,同样也是一个极大的工作量,也要消耗相应的时间。所以,前后时间过长,整个工作的效率低下,严重影响了电费的回收,从而导致企业资金的回笼慢,严重限制了当下企业的发展。

(四) 电费的抄、核、收环节监督难度很大

传统的工作方式很难实现每个工作环节上的监督,并且不能及时地发现问题。所以,审核员就只能对电费核算的准确与否再次进行审核,但是不能审核电费的超标率是否正确,这样便会使得电费会计得不到可靠的数据,从而提高了营业的事故。

二、改善措施

(一) 引进信息化的抄表技术

传统的抄表、电费回收方式多是依赖人工,但是在偏远的农村地区,人工的成本高、效率低下,严重降低了工作进度,影响企业效益。而变革传统的方式,改用智能化抄表方式,实现智能化的抄表,这样电费管理中心不用再派人去每一家进行人工抄表,逐渐完善电表智能化、信息化的建设,并且将电表和用户账户进

行对应，通过远程的通信方式，电表将用户的用电度数通过互联网传输到电费的管理中心服务器。

利用高速的计算机技术，迅速地将数据处理，计算出准确的电费，并且及时上传到每家的账户，方便每一位用户能够凭借互联网进行查询和及时缴纳费用。电费管理中心统一下发电子表卡，方便一些传统的非互联网用户来进行缴纳费用，而每个账户的卡都是唯一的。

在计费的方式上，采取用户预存费用。升级当前计费系统，缩短结账的周期，比如按天来结算，每日都从用户账户里进行扣款。当用户账户里的费用不够时，可以进行短信或电话提醒，提醒用户按时充值。在欠款持续的一定时间内，能够持续提醒用户，超过期限，可以进行停电处罚，并且将相应的行为保存进信用体系内，还可以与欠费的缓冲时间进行挂钩，这样促进用户逐渐提高及时缴纳费用的意识。

(二) 技术选择方案

可以结合计算机技术，实现对电费的有效管理，这样能够克服人工管理上的一些缺点，使得管理更加具体化、信息化，能够使用户及时了解自己目前的用电情况、电费的数目。电费管理系统作为当前新时代的一个非常热门的管理系统，其必须满足以下要求：

1. 电费的信息化处理

电费信息的精确处理是一个较为完整的电费管理系统所不可或缺的成分。唯有对电费的信息进行真实而有效的存储记载，方能做到公正和公平，用户方能及时缴纳所欠费用。电费的信息应该包含本月电量的总额数、相应的时间段的用电量额数与价格、本次采集的电表的额数、上月所采集电表的额数等。

2. 对用户信息的处理

对用户的信息管理同样是一个完整的电费管理系统所不可或缺的部分。唯有做到对用户信息的正确的处理，方能做到表和账户对应，才不会出现有表却无账户或是有账户却无表的情况。目前，用户的信息主要包含用户的编号、户主的姓名、用户的类型、开户的时间、所对应的电表硬件序列号、所处的位置和账户号等。

3. 对系统数据的维护

目前，一个完整的电费管理系统还应当包括数据的信息维护。唯有对数据库中所储存的数据进行必要的维护,方能使得系统处于健康、高效和有序的运行状态。它的主要工作内容包含系统数据的维护和基本数据的维护。

(三) 建成系统维护中心

信息化建设的过程之中,系统的维护是一项极为重要的工作。日积月累,数据库中的数据逐渐变大,同样需要系统维护人员进行技术性维护,并建立所需的应急方案、对程序的备份,来确保整个数据中心能够持续有效地运转。

(四) 提高电费的信息透明度

向客户公开其个人家庭用电详细的表单,比如说某时间段、用电量、电费价格、总费用、目前表数等,使用户能够一目了然地了解自己的用电情况。借助信息化的建设,给每个用户建立其独自信息查看的窗口,及时地公开相应的法律法规,用来减少不必要的纠纷,能够对传统非互联网用户进行短信通知,保证每个客户都能及时地了解相关的通知。

(五) 成立监督的部门

智能化的高效性尚不能完全清除它自身的误差率,因此,有必要成立监督的部门。而监督部门的职责,一方面是对系统上的数据进行分析,比方说,一个用户的每月的用电对比,是否存在大的波动现象,若存在,及时了解其原因,是系统采集的数据错误还是实际用户用电量上的增高,若能够及时发现情况并且沟通,就能够避免不必要的纠纷;另一方面,要随机地选取用户的电表来验证,查看系统读表数是否和实际相符,若不相符,则找出相应的原因,并且尽快纠正错误。

三、当前的发展模式

随着电力企业的改革的不断深入,其营销中所存在的缺点也逐渐暴露出来。目前,电力企业面临着极为激烈的市场竞争。如何能在这些竞争中脱颖而出,并且获得进一步的发展,是当前电力市场营销环节所必须思考的问题。所以,在企业发展的同时,还要针对市场的变化来改变营销的策略,认清楚企业的现状,建立起新型的营销观念,制定较为有效的营销策略,帮助企业完成进一步地发展。

在促进"互联网+"电力营销服务转型方面,国网营销部讲解了国家电网公司创新的电力营销服务工作和成效。目前,公司积极地应用新型的科技成果,已经完成了一系列营销信息化建设项目,业务数据的总量和种类已颇具规模,积累了许多的数据资源，为“互联网+”电力营销服务的发展奠定了雄厚的基础。国网客户服务中心也介绍了推动电商业务和电力营销协同发展的“三步走”发展战略。

首先，以“有序向社会资本逐步放开配售电业务”作为最大亮点的新一轮电力体制的改革已经开始。这标志着之前电网公司传统的经营、盈利与市场的模式将会被打破。如今，已吸引了包含发电集团、中国神华、阿里等国有、民营合资在内的超过20家单位申请售电公司的执照，其战火未开但已硝烟弥漫。做好“互联网+”电力营销已箭在弦上。

其次，传统方式效率低、成本高的现状需要改变。一般情况下，营业厅是营业收费、办理业务的主要途径。而这种方式更多地依赖于空间上的资源优势，包含社会化合作上的商超、卖场等。

目前，智能化电能表与用电的信息采集系统已经完全实现了对公司三亿客户的覆盖范围，其采集率达到70%以上，可以实现对客户日(月)用电量、电能示值等用电信息的实时采集，同时也具备远程停、复电的功能。在未来两三年里，将实现“全覆盖、全采集、全费控”的宏伟目标，为进一步分析客户用电的特点、发展智能家居的用电提供了海量的数据源。

营销业务应用系统包含新装的增容、抄表的核算、电量电费、行业的分类、供用电的合同等二十个业务类别，其应用范围主要覆盖华北、东北、华东、华中、西北五大区域，二十七个省(市)公司。借助这些用电的服务信息，能够了解到不同地区、不同行业的用电量的结构、交费与用电方式，为产业的发展趋势和前景进行预测、为电能消费行为研究提供足够的数据依据。

四、政府政策

自2002年国务院发布《电力体制改革方案》以来，电力体制改革已经取得了巨大成就。经过这十五年的不断努力，电力行业摆脱了独家办电的体制束缚，从根本上改变了指令性的计划体制与政企不分、厂网不分之类的问题，已经初步形成了多元化的电力市场体系。

在2015年政府工作报告中，李克强总理提出了制订“互联网+”行动计划，要通过大力发展互联网经济创新型思维，从而实现经济社会跨越式的发展。

“互联网+”不但将计算机与信息技术引入人类的生产与生活中，更重要的是逐步对人们的思维方式产生了深刻影响。其作为国民经济的基础产业，进行电力行业的信息化建设已经势在必行。所以，电力行业要融入“互联网+”时代的浪潮中，不但要做到技术上的融合，更需要观念上的突破。

打造新平台而去中介化，这是当下互联网对商品交换环节的创新。在互联网平台广泛的环境下，商品运输和销售者依靠垄断信息来取得超额利润的模式将会被打破。互联网时代的平台，是凭借多个主体共同建设，凭借资源共享来实现共赢的开放性的商业系统。其平台所具有的多方的互动机制，不但能使其提供者在满足供需双方所要求的同时从中盈利，而且生产者和消费者也同样可以凭借更直接的交流方式进行商品交换，从而降低了交易的成本，全社会的效益得到提高的同时还能达到节能减排的效果。

第七节　互联网环境下电费回收与账务管理

随着市场经济的建立和发展，电力市场的整治变得越来越重要。电费回收是整个供电企业的重要环节和经营的主要收入。电费回收工作是保障供电企业能够继续经营的生命线，是提高企业生存和发展的重中之重，同时，也是降低供电企业欠费风险、减少经营损失的重要途径。但是，在电费回收中，由于受到各方面因素的影响，使电费难以回收。最后，造成巨额电费拖欠，导致供电企业生产上受到一定程度的威胁，同时也影响了国家的财政收入。因此，供电企业如何采取有效措施，提高电费回收率，是当前亟须解决的问题。

一、当前电费回收管理存在的问题

图 3.12 是电费回收管理存在问题的结构图。电费回收管理存在的问题，主要归因于人员、流程、技术等。

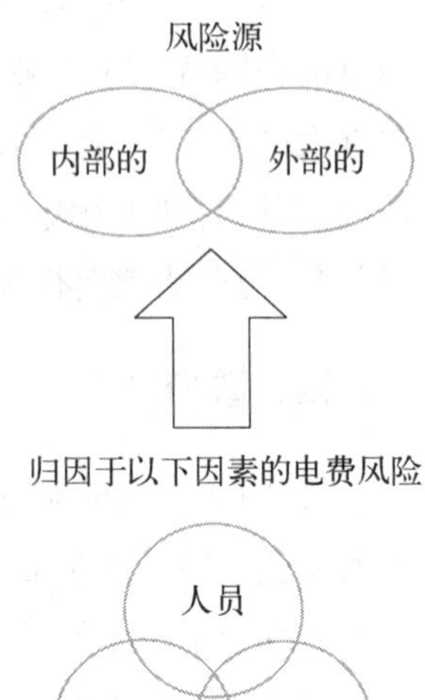

图 3.12　电费回收管理存在问题的结构

(一) 财务与营销脱节

目前，电费管理存在的问题重点表现在财务与营销脱节。营销部门实际上承担了电费的核算功能，财务上仅仅起到统计作用，对电费的管理失去了其应有的监督职能。

（二）电费回收管理制度不健全

供电企业自身管理工作也存在薄弱环节，对堵塞电费回收管理漏洞的重视度不够，市场经济意识缺乏，对客户变化的反应不敏锐，缺乏对可能欠费的预见性。在电费管理模式一成不变的情况下，电费回收问题没有得到很好的解决。并没有从根本上改变先用电后付费的管理模式，这实质上是把用电企业在生产环节的流动资金由供电企业本身来承担，增加了供电企业的负担和电费回收风险。所以，这些传统意义上的收费模式和催费模式都不能满足现在市场的需求，电力企业缺乏科学的管理制度。

（三）工作质量难以控制

由于应收电费的形成、实收电费的确认、差错的纠正以及各类报表的形成均由基层供电分公司完成，地区营销部门缺乏对分公司工作质量的有效控制与监督，这导致对电价执行的正确性、电费核算的准确性、抄表质量等情况不能完全掌握。目前，采取的是事后抽查的方式。但这种方式很难做到事前控制，同时也存在协调能力差等问题。

（四）供电企业经济管理意识薄弱

当前，电力企业的整体经济管理意识较为薄弱。尤其是在电网的用电方面没有一个完善合理的规划，并且在电网用电设计的时候，没有正确地进行在线计量或是欠缺安装费控制，这样就会造成部分电网线路必须进行二次改造才能实施功能。

在电力调度过程中，调度部门主要考虑的是电网运行的安全性，极少考虑到电网运行的经济性，加上供电与营销不协调，相互之间缺少沟通，不能按时地将欠费名单告知供电部门，造成供电部门没收到停电命令，继续为欠费客户正常供电，结果就导致欠费金额不断增长，回收的费用不断减少的局面。

二、加强电费管理回收的对策

（一）建立营销、财务一体化的电费管理系统

建立营销、财务一体化的电费管理系统如图 3.13 所示。它可以实现营销、财务信息高度集成与共享，加强电费收入的内控，促进电费管理水平的提高。

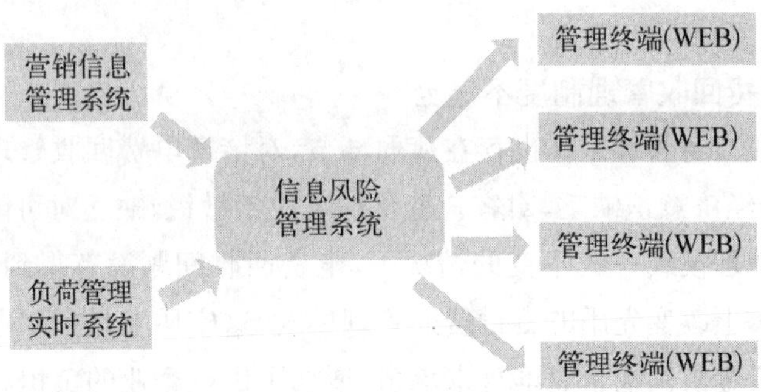

图 3.13 电费管理系统

(1) 电费档案管理。可以实现抄表员和工代号管理、用户档案管理、编制抄表计划、客户资信等级等功能。

(2) 电费业务处理。可以实现抄表数据的采集、电费计算、电费收费、网关划账、电费退费等功能。

(3) 对账管理。可以实现电力公司与客户对账和银行对账等功能。

(4) 账务处理。可以实现电费账务科目的建立、账务凭证的审核、记账操作、凭证明细账管理和总账的查询等。

(5) 电费统一票据管理。其范围包括票据的计划、申请、管理、领购、开具、保管、取得的程序和方法。

(6) 报表管理。可以实现自动生成并上报各类电费报表。

(二) 强化技术手段在电费回收中的作用

在这一方面,供电企业应该加大电力营销技术改造的资金投入。从规划设计开始,利用技术手段设计一个从用户到企业的完善的收费网络,在客户端安装智能化电能表,实现实时在线监测、数据收集并处理,并给客户即时发布各种信息等功能,使用户通过网络便能及时获取电费信息,以便于能够及时缴纳电费。

针对中小型用户多次欠费的情况,应该在这些用户中安装预付费计量装置,欠费用户自动通告、通知,必要时由负控装置来完成欠费停电,以增强中小型用户缴费的自觉性。利用网络,密切和调度部门配合,构建电费指挥中心,利用通信、计算机、互联网,与银行、政府等相关单位配合,做好电费清缴工作,使之成为电力企业营销的第二调度中心。

(三) 提高电费回收管理质量

在内控制度建设方面，建立健全规章制度，实现规范化的管理。想要改变传统的电费管理模式，在业务流程上应该重点对抄表质量管理、电量电费退补等关键环节实行监控。基层供电单位负责现场基本信息在营销系统的初始录入，电费管理中心则利用营销系统信息、负荷管理系统信息、合同资料等对电费进行复核。

通过电量波动核查及营业差错的考核，对城区供电单位抄表工作起到可控与在控作用；通过严格退补流程设置，真实还原营销数据；通过及时准确发布电费账务数据，对电费回收与催缴起到督促作用；通过对抄表例日、抄表线路的固化，并通过客户现场调查，为营销部提供基层供电单位的抄表到位率、准确率的考核依据，同时提高客户服务质量。

在优化业务流程的同时，强调复核业务的规范管理，制定一系列管理制度，使中心业务处理按标准化运行，将各项工作分解细化到每个岗位，强化抄核收的内控能力，使电费监管步入制度化、规范化、标准化的时代。

(四) 强化供电企业经济管理意识

在这一方面，供电企业应该制定详细的绩效考核办法，明确各个岗位的电费回收责任，实行重奖、重罚的奖惩制度。供电企业的领导要带头签订电费回收责任书，明确各个岗位在历欠电费回收上面的指标责任，并用历欠电费的利息奖励电费回收工作中表现突出的人员。对于承担电费回收责任的人，进行岗位考核，将考核的结果与工资挂钩，督促他们认真履行自己的电费回收责任。对于部门电费回收工作完不成任务的，既要追究具体负责人的责任，又要追究部门领导的责任。

三、电费回收过程的监控

电费回收要全过程监控，根据进度及风险信息，迅速做出反应，以消除风险可能带来的不利影响，防止风险进一步扩大。

(一) 风险分析并快速反应

在电费回收预警分析和客户信用评级的基础上，根据电费回收进展，对欠费客户进行分析和量化，找出各种明显和潜在的电费回收风险，明确主要风险，密切注意原有风险的变化，并随时发现新的风险，为应对风险作出迅速、正确决策提供重要的依据。

对不同的欠费用户采取不同的回收手段，包括停止供电、缩短电费结算周期、采取预付电费或预购电方式缴交电费及其他经济、行政、法律等手段全力回收电费。对缴费信誉不好的、用电方非业主的、专变新装客户及低压存在电费回收风险的客户等，要求其在签订《供用电合同》的同时，办理担保业务，担保业务采用业主保证、银行保证和存单质押三种担保方式，对于无担保的用户实行预缴电费，以保障用电客户切实履行供用电合同，保障电费的清偿。

同时，电力企业必须加强法律政策的运用，提高依法维权意识。供用电合同是电力企业与用户权利义务关系的规约，是调解供用双方纠纷的主要依据。做好每一用电客户供用电合同的签订和履行工作，就为维护自己的合法权益上了一层保险。对于拖欠电费，应依据欠费用户的生产经营状况和偿债能力两方面，分不同情况采取相应的法律措施。

(1) 对经营状况较好，并有偿债能力的欠费用户，中止履行《供用电合同》，停电催收电费和违约金；对停电催收电费仍不见效的，为避免供电企业损失进一步扩大，应通过诉讼途径及时回收拖欠电费。

(2) 对经营状况暂时不好，但有发展前景的欠费用户，除可按规定停电催收电费外，还可采取与这类用户签订分期还款协议，双方到公证机关办理公证，或者要求用户提供所欠电费的抵押、质押或第三方担保。

(3) 对经营状况差，且无发展前景，濒临破产的欠费用户，为避免债权进一步恶化，必须采取停电催收措施，并查清是否有资产可拍卖清偿。对于欠费户能清偿到期债权的情况，经协商签订资产转让协议，行使电费抵消权；对于欠费户不能清偿到期债权的，应当依据相关法律规定，直接向人民法院提出宣告债务人破产的申请。

(4) 对处于破产清算阶段的用户，供用电合同自行终止，必须停止供电（职工生活用电除外），依据规定按时申报债权，并向破产清算组提供相应的债权凭证，积极协助和主动参与清算工作。对于没有《破产法（试行）》第35条规定的情形，应及时按财务审批程序对无法收回的电费坏账予以核销。

（二）加强电费对账工作

电力营销、财务部门每日做好对账工作，及时掌握用户缴费情况，杜绝出现因对账环节滞后而使应收电费余额增大的现象。每月召开月度对账会议，认真核对上月财务、营销、银行账户电费实收账款的账目情况。发现差异，查明原因，落实责任人，限定办理期限，确保电费资金安全。

（三）用优质服务促进电费回收

在金融形势严峻的情况下，更要注重电费催收的方式，要为客户提供贴心的优质服务。通过畅通电费回收信息渠道，深入企业进行用电市场调研，加强与客户间的沟通，了解企业生产经营状况，用优质服务与客户建立感情，推行 VIP 服务方式，在主动走访客户中，了解客户的生产用电情况，为企业科学合理用电出谋划策，积极帮助企业渡过难关，促进电费及时足额回收。

总之，电费回收工作是保障供电企业经营成果的生命线，面临困境，要临危不乱，严阵以待，坚持预防与追收的回收原则。通过加强内部管理，提供优质服务，缩短抄表周期，推广预付费装置，开展信誉度等级评价，采取有效措施，严控电费回收风险，使电费回收风险在内外防线的共同防御下处于“能控、可控、在控”的状态。

第八节 互联网环境下用电行为模式识别

用户模式识别是通过对负荷曲线进行聚类分析，而获取电力用户行为模式和负荷特性，对预测以及预估未来电力需求、负荷控制、用电异常检测以及制定需求响应策略等方面都有巨大的作用。与此同时，在使用负荷模式分类时，同样可以减少信息系统的负荷程序的存储。所以，电力用户负荷模式提取技术，对于提高电力系统的运行可靠性、提高电网资产利用效率、增长企业的经济效益、节约能源，都具有很大意义。在互联网环境下，负荷模式是能源运营商的核心数据资产。

21 世纪后，在电网自动化程度较高的国家，基于现实的需求，已经对电力用户负荷模式提取进行了一系列研究。其中，美国、英国、巴西等国家已经有了初步的负荷模式提取技术及实际应用系统。马来西亚国家电力公司也开展了负荷模式提取技术的研究，并将其应用于用电稽查，可自动识别用电异常的用户。这种技术提高了用电稽查的命中率，不仅降低了人工费用，还为电力公司挽回了巨大的损失。国内的负荷模式大多用于提取负荷预测方面，但随着能源互联网的推进和互联网售电规则的制定，用户负荷模式提取将在分时电价制定和实施、负荷控制、用电异常检测等方面都有广阔的应用。

一、用电行为模式的识别

图 3. 14 是用电行为模式的识别步骤。

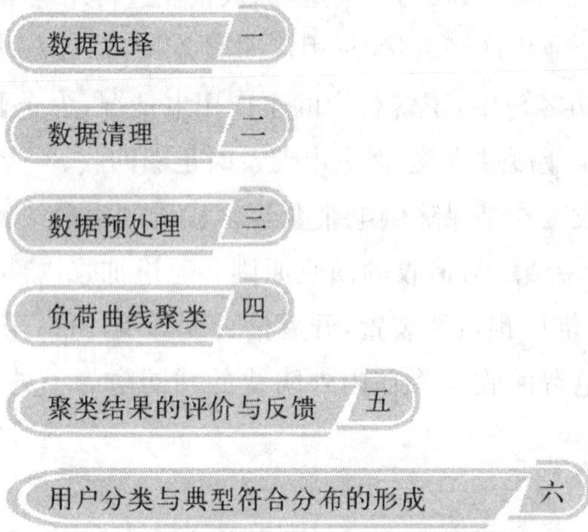

图 3. 14　用电行为模式的识别步骤

第一步：数据选择。负荷数据可以通过自动抄表系统和智能家居系统等获取电力消费数据。采集时间间隔常采用 15 分钟、半小时、1 小时。用户负荷的数据的初步选择可以按时间（月、季、年）、地理区域和电压的等级等条件进行考虑。此外，应用的目的与数据的选择也是有关系的。

第二步：数据清理。检查每个用户的负荷曲线数据是否正常，删除或修改有明显错误的数据。

第三步：数据预处理。由于用户的行业性质及负荷的大小存在差异，原始负荷数据值之间可能存在着巨大的不同，有时甚至会相差几个数量级，不经过处理会影响聚类的质量，会使得聚类结果变得不可靠。

第四步：负荷曲线聚类。即用聚类算法对规范化后的负荷曲线在给定参数下进行聚类。聚类分析结果容易受到多种因素的影响，如规范化方式、聚类结果对数据集的依赖性、算法的稳定性、算法对数据输入的敏感性。负荷曲线聚类首先要确定负荷特性指标，然后选择合适的聚类算法并确定其相应的参数。

第五步：聚类结果的评价与反馈。对上述步骤中获得的聚类结果进行分析和评价。对于聚类数目，可以依据用户涉及的电价类别或国民经济活动行业分类给定，这样便于分析电价类别和行业类别与负荷模式的对应关系以及负荷曲线的负荷模式分布，也可确定每个用户的典型负荷模式。反馈过程可检查涉及用户的数量和包含在所有各负荷模式的负荷曲线数目，确定移除客户的非典型负荷曲线，并利用聚类有效性指标评价聚类结果的质量。

第六步：用户分类与典型负荷分布的形成。通过聚类结果评价和反馈后，可确定合适的聚类数，实现依据负荷模式的用户分类并获得用户典型负荷模式的对应分布。用户分类和典型负荷模式提取的最终目标是为了支持电力系统运行决策，优化运行，降低损耗，提高经济效益。

二、用电行为模式识别的理论和方法

（一）数据预处理方法

通过对属性进行规范化，将属性值按比例缩放，对于涉及神经网络的分类算法将有助于加快学习阶段的速度。对于基于距离的方法，规范化可以帮助防止具有较大的初始值域的属性与具有较小初始值域的属性（如元属性）相比权重过大。

目前，常用的规范化方法有最大最小值规范化、平均数方差法、总和规范化、极大值规范化等。当使用同一聚类算法并以不同的规范化方式处理时，聚类结果往往不同，规范化方式的选择对聚类效果影响很大，必须在负荷模式提取中加以考虑。这就要求在负荷模式提取时，首先了解每种聚类方法在采用不同规范化方法时的性能好坏，以便得到准确可靠的聚类结果。

（二）负荷模式识别的聚类方法

负荷模式提取通常通过聚类技术实现，主要方法可分为如下几类：

1. 基于划分的方法

基于划分的聚类算法的基本思想为：给定一个含有 m 个对象的数据集，划分方法将构建 k 个分组，每个分组形成 1 个聚类簇。而每个簇至少包括 1 个对象，每个对象必须且仅属于 1 个簇。对于给定的数据集，算法首先根据给定的要构建划分的初始分组，然后采用一种迭代重定位的方法改变初始分组，每一次改进以后的分组方案都较前一个更好。

2. 层次聚类方法

层次聚类是指按照某种方法对数据集进行层次分解,直到满足某种条件为止。根据分类原理的不同,可以分为凝聚和分裂两种方法。凝聚的方法为自底向上分解,首先将每个对象置于一个组中,然后合并相似的组,直到所有的组合并成一个(或满足某个终止条件)。分裂的方法为自顶向下分解,首先将所有的对象置于一个组中,在迭代的每一步中,一个组被分裂为更小的组,直到最终每个对象在单独的一个组中(或满足某个终止条件)。

3. 基于密度的方法

基于密度的方法与大部分划分方法不同,它不是基于各种各样的距离,而是基于密度。其主要思想是:只要临近区域的密度(对象或数据点的数目)超过某个阈值,就继续聚类。该方法既可以过滤噪声数据,也可以发现任意形状的簇。

4. 基于模型的方法

基于模型的方法通过优化给定的数据和某些数学模型之间的拟合。主要包括统计学方法和神经网络方法。

5. 模糊聚类

传统聚类算法是一种硬划分,把每个待识别对象严格地划分到每个类中,划分界限是分明的。然而,大多数对象实际上并没有严格的属性划分,其在形态和类属方面存在着中间性。利用模糊理论来处理聚类问题的方法称为模糊聚类分析。模糊聚类分析是对传统硬划分方法的一种改进,样本属于各个类别的隶属度表达了样本属性的中间性。

三、用电行为模式的识别应用

(一) 负荷预测与负荷估计

负荷预测与负荷估计是指在一些重要的运行特性条件下,通过对过去和未来负荷进行相应的处理,在一定精度下决定未来某特定时刻的负荷值。

(二) 负荷控制

对同一行业的用户负荷进行聚类分析,提取并保存用户典型用电模式。通过分析峰谷差异较大的用户对电力系统产生的不同影响,对这些用户进行针对性管理,促使其调整用电行为,改善负荷曲线,从而保障电网运行的安全性。

（三）电价制定与需求侧响应策略

通过对用户用电行为的识别和负荷模式的提取，有助于针对特定群体制定需求侧响应策略，包括制定分时电价、按区域负荷控制等，并及时获取用户需求响应后的负荷模式。对实现供电企业、电力用户和政府三方共赢具有重要的意义。

（四）用电异常检测

在供电侧，由窃电或电力用户的其他违规行为引起的非技术损失是一种非常普遍的现象。有效地预防非技术损失，可为企业带来经济效益的同时，对供电部门节省人力物力也具有重大意义。

近年来，聚类算法被不断应用到电力用户负荷模式提取领域，通过典型负荷模式来检测用户用电是否异常，从而减少非技术损失。利用实际负荷曲线数据，通过负荷模式识别方法，得到负荷簇和负荷代表曲线。然后，通过比较异常用户负荷曲线与所属行业的典型曲线，分析判断用户用电是否异常，为后续进行针对性处理提供依据。

与此同时，负荷模式识别技术还存在更多的扩展应用，如用户的信用评级、配电网的停电影响分析。用户负荷模式结合水、燃气消费信息还可帮助识别传销窝点、黑工厂等，实现社会危机预警。另外，行业用电的负荷模式分析还可以帮助实现行业经济预警。对供电企业和能源运营商来说，可支持开展结合负荷模式的消费大数据应用等。

第九节　基于大数据的用电违法行为的查处

一、用电违法行为

以下行为属于用电违法行为：

（1）高价低接或擅自改变用电类别；

（2）擅自超过注册合同约定的容量用电；

（3）擅自超过计划分配的用电指标；

（4）擅自使用已经在供电企业办理暂停使用手续的电力设备，或者擅自启用已经被供电企业查封的电力设备；

(5) 擅自迁移、更动或者擅自操作供电企业的用电计量装置、电力负荷控制装置、供电设施以及合同(协议)约定由供电企业调度的客户受电设备;

(6) 未经供电企业许可,擅自引入、供出电源或者将自备电源擅自并网。

二、违法用电查处

图 3.15 是《中华人民共和国电力法》封面。

图 3.15 《中华人民共和国电力法》封面

《中华人民共和国电力法》已由中华人民共和国第八届全国人民代表大会常务委员会第十七次会议于 1995 年 12 月 28 日通过,自 1996 年 4 月 1 日起施行。

《中华人民共和国电力法》第五条:国务院电力管理部门负责全国电力事业的监控管理。国务院有关部门在各自的职责范围内负责电力事业的监督管理。县级以上地方人民政府经济综合主管部门是本行政区域内的电力管理部门,负责电力事业的监督管理。第六十五条:违反本法第三十二条规定,危害供电、用电安全或者扰乱供电、用电秩序的,由电力管理部门责令改正,给予警告;情节严重或者拒绝改正的,可以中止供电,可以并处五万元以下的罚款。第七十一条:盗窃电能的,由电力管理部门责令停止违法行为,追缴电费并处应交电费五倍以下的罚款;构成犯罪的,依照刑法有关规定追究刑事责任。《电力设施保护条例》(国务院 1998 年第 239 号令)第二十七条:违反本条例规定,危害发电设施、变电设施和电力线路设施的,由电力管理部责令改正、恢复原状并赔偿损失。

三、运用大数据技术查处用电违法行为

智能电网是大数据的一个重要技术应用领域。智能电网的逐步发展,窃电犯罪逐渐网络化、规模化、专业化。源于高级量测体系、各类监控系统的大规模部署产生和积累了大量数据,通过采集这些信息并充分挖掘这些数据的价值具

有重大意义。对于智能配用电业务，首先分析其各种特征，然后重点研究在大数据环境下用户用电行为应用场景，指出大数据环境下的用户用电行为异常，接着分析业务应用中的大数据关键技术。

(一) 非侵入式用户负荷分解

利用高频率采集的用户负荷曲线数据，通过基于模式识别的用电设备运行特性识别技术，能够将用户总负荷按照其用电设备进行分解，进而获知用户的用电行为和习惯。通过与用户特征的配合，能够进一步分析不同类型用户用电行为相关的驱动和激励因素，为用户节能服务和需求响应潜能分析及激励机制制定提供参考。

(二) 用户需求响应潜力分析

根据不同的气候条件(如潮湿、干燥地带，气温高、低地区)、不同的社会阶层，将用户进行分类，为每一类用户绘制不同用电设备的日负荷曲线，分析其主要用电设备的用电特性，包括用电量出现的时间区间、用电量影响因素及是否可转移、是否可削减等，以及不同季节、不同时刻用户用电对天气的敏感性。分析不同用户对电价的敏感性，包括在不同季节、不同时间对电价的敏感性。在分类分析的基础上，通过聚合，得到某一片区域或某一类用户可提供的需求响应总量，进而分析哪一部分容量、多少时间段的需求响应量是可靠的，为制定需求管理/响应激励机制提供依据。

(三) 用户能效评估

通过对海量用户数据的筛选和抽取，形成典型用能系统，建立典型用能系统能耗模型；分析建筑物、高耗能企业等典型用户和典型用能系统的能效影响因子，梳理用户能效指标；分析各因子对能效指标的灵敏度，形成综合能效评估标杆库，为预测建筑及高耗能等典型企业及各部门用能变化趋势、分析节能潜力、提出综合节能策略提供参考。

图 3.16 是电网用户行为分析系统结构图，包括数据采集、数据预处理、数据挖掘、系统管理。

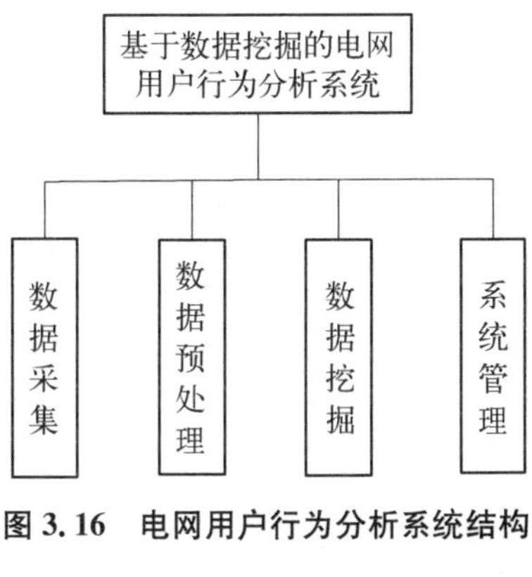

图 3.16　电网用户行为分析系统结构

(四) 客户缴费行为分析

通过对来源各异、数据量巨大的用户缴费交互过程记录进行分析处理，提取客户行为特征数据，深入分析客户的交互行为、时间偏好、渠道偏好、操作偏好等行为方式，并对业务与渠道的关联关系进行分析；结合渠道承载业务的关联关系，使用匹配算法或者协同过滤推荐方法，将不同行为方式同渠道进行匹配，评估各种缴费的效率和适用人群，优化客户缴费服务渠道，改进业务流程，引导客户使用效率高的电子渠道进行缴费，进而提高服务效率和客户满意度。

（五）供电服务舆情监测分析

在电力市场机制优化和改革过程中，电力供需矛盾、环境保护和可持续发展等问题目前已受到社会舆论的高度关注，电力舆情工作面临全新挑战。电力行业的舆情监测系统重点关注热点词语、关键事件、媒体报道情况等，主要针对文本、视频、声音、图片等互联网多媒体数据进行抓取和分析。利用大数据采集、存储、分析、挖掘技术，从互联网海量数据中挖掘、提炼关键信息，洞察客户行为，实现舆情监控，提升电力客户营销服务水平。

思考题

1. 什么是大数据智能分析技术？

2. 查找资料并举例说明大数据智能分析技术在电力营销方面是如何运用的。

3. 简述电能计量装置的安装流程。

4. 在互联网环境下，怎样运行管理电能计量装置？

5. 结合自身经历，谈谈互联网技术革新使得电力服务业的革新之处。

6. 简述自己对当前“互联网+”模式的看法。

7. 支付宝作为一种新型的支付手段，试说明这种缴费手段的优越之处。

8. 试简述我国当前存在供电企业电费回收难这种现象的原因。

9. 试对比说明互联网环境下的电费管理方式较传统方式的优越之处。

10. 试举例说明互联网环境下的电费管理方式存在的不足，以及你认为的改进方式。

11. 互联网环境下，电费回收与账务管理会出现哪些问题？

12. 有哪些方法可以促进互联网环境下电费回收与账务管理方面更好地发展？

13. 什么是用电模式识别？

14. 简述用电模式识别的步骤。

15. 若某客户存在用电违法行为，请问如何运用大数据技术查处？

第四章　互联网环境下电力客户服务

随着信息技术的不断发展和智能用电的大力推广，建设互联网环境下的电力消费平台，手机作为客户服务的终端，客户可随时查询电费、办理业务等。把"互联网+"和电力营销服务相结合的目的是进一步优化供电服务的各个环节，使客户从办电报装到用电交费，享受到更加快捷便利的供电服务。

国家电网公司指出，主动适应售电侧改革和"互联网+"技术发展新形势，整合"掌上电力"手机APP、"电e宝"、95598网站及在线客服资源，打造线上线下一体化流程，深化营、配、调信息系统贯通和实施数据共享，优化前端触角敏感、后端高度协同的O2O线上线下闭环服务链，提高供电服务智慧化水平，实现营销服务数字化、线上化、互动化。

第一节　95598业务系统典型操作

一、95598系统操作

（一）业务支持系统登录的地址

图4.1是业务支持系统登录的地址页面。

（二）系统界面结构介绍：受理界面

（三）系统平台功能介绍：普通座席电话的功能

（四）平台功能介绍：签入和签出

(1) 定义。启用软式电话功能，登录（退出）当前座席，软式电话正处于可用

图 4.1 业务支持系统

(不可用)状态。

(2) 常用操作。话务员通过打开浏览器登录客服系统，输入用户名与密码，登录业务系统后可以看到软式电话的工具条，再点击“签入”便可完成签入软式电话的操作。若软式电话登录成功则“签入”按钮就会变为“签出”。若话务员想要签出软式电话，则请点击“签出”按钮，便可完成签出当前软式电话的功能。

(五) 系统平台功能的介绍：自动与手动

设置来话应答的方式，自动接听或是手动接听。手动的含义是：当有电话打进来时，您必须按摘机电话方可接通。“自动”则是不需要这个动作，会马上自动接通。若设置自动成功，那么按钮就会变成手动；相反，若设置手动成功，那么按钮变成自动，这个设置将会在下次接到电话时生效。

(六) 系统平台功能介绍：置闲、置忙、离席

(1) 定义。

① 置闲。置闲使得座席处于空闲的状态，此时的座席可以接听客户的来电。

② 置忙。正在处理业务，暂时不受理呼入，但是能够进行内呼与外拨操作。

③ 离席。因为有事暂时离开座位，这时座席不处于通话或是处理业务状态。

(2) 常用操作。座席登录上后，默认置忙状态。在置忙时，电话便不会被分

配进来，这时可以进行内部呼叫或外拨，或是专心处理业务，系统不被打搅。在置闲时，电话便会被分配进来，话务员可以接收到用户的呼叫。所以，在话务员离开工作岗位时，请不要置闲。话务员空闲的时候，请置闲，方可以为用户提供有效服务。若话务员因为临时有事想暂时离开当前位置时，请选择“离席”状态，在这种情况下电话同样也不会被分配进来。

（七）系统平台功能介绍：挂机

（1）定义。话务员在通话状态下进行挂电话操作。

（2）常用操作。当话务员想提前结束当前的通话时，可单击挂机按钮。如果是用户主动挂机，话务员便不必点击该按钮。

注：这是话务员的主动挂机，一般情况下，若用户先挂机，则话务员不用按此按钮。

（八）系统平台功能介绍：挂起、拉回

（1）定义。

① 挂起。用户呼入通话一段时间后，因为话务员要处理其他事情，可以让用户听音乐并保持通话等待。

② 拉回。座席在挂起状态下，话务员处理完事情之后，可以将挂起的电话拉回，从而继续回到之前的通话状态。

（2）常用操作。座席在和用户或是另一个座席的通话中，可以单击挂起按钮，可以将电话临时挂起让用户处于等待的状态。若想将某个电话再拉回通话的状态，那么可以点击拉回按钮。这时会弹出一个对话框，该对话框是一个被座席当前挂起的电话的列表，座席可以选择一个想拉回的电话，之后点击对话框当中的那个拉回按钮便可拉回该电话，继续和该电话回到通话的状态。

（九）系统平台功能介绍：转移

（1）定义。话务员可以在通话当中，因为某种需要，要把电话转移至另一个空闲的话务员、IVR 自动化语音、队列或是外部的电话的操作。

（2）常见操作。话务员若接到电话后，想转给其他的座席，话务员可以使用该功能。比如：话务员是城区座席的，用户本来是某个县局的，话务员可以把他的电话转移到该县局座席进行处理。话务员可以选择转移到的队列，转移座席或是外线。若用户想要修改密码或是查询电费，话务员还可以把他转到 IVR 的自动语音系统中。转移中，话务员还可以点击取消按钮，中途取消转移。

(十) 内呼：话务员呼叫另外空闲话务员

对方座席必须处于置闲的状态才能被呼叫。如果话务员想要呼叫其他话务员，则必须先把自己座席的状态设置为繁忙，之后点击按钮内呼，选择要进行呼叫的座席。等待对方接起电话之后，便进入通话状态。话务员可以点击取消按钮来取消呼叫。

(十一) 外拨：话务员选择主动拨打外线

话务员必须在处于置忙状态下，才可以外拨，这时话务员可以使用电话外拨的选项功能，主动与外部用户进行交谈。点击外拨按钮，话务员选择按键进行呼叫，话务员同样可以从键盘上输入数字，再按回格键删除数字。

(1) 定义。音频带内二次拨号，如拨打总机完之后仍然需要输入分机等类似操作。

(2) 常用操作。话务员在电话外拨的过程中，若对方需要你输入分机号或是号码键时，话务员便可以点击“音频”系统弹出号码输入框，输入“按键”按发送即可。

(十二) 求助：请求帮助

(1) 定义。话务员在与客户通话的过程中，若无法解答客户的问题，可以请求另一个空闲的专家座席或是外线电话来帮忙解答。

① 三方通话。把专家座席拉进当前会议。

② 两方通话。挂掉当前专家座席，并且继续与客户通话。

③ 转移通话。可以把电话转移给专家的座席。

(2) 常用操作。当话务员点击该按钮的时候，系统就会弹出目标选择框，话务员能够选择所要求助的专家座席或是输入外线的电话。如果求助成功，求助按钮便会变成结束求助的按钮，这时，话务员如果想要结束求助，则可以点击结束求助。此时，系统会弹出对话框，话务员需要选择结束求助的方式。

(十三) 按键：对用户输入按键的截取

话务员在同用户通话的过程中，如果需要目标用户输入密码，那么话务员就可以单击“按键”来让用户自行输入密码，但是话务员并不会知道用户所输入的内容。

(十四) 语音：让用户听标准语音，保持通话

只能在通话状态下，方可以使用语音来播放。在与用户的交谈中，如果用户

咨询的是一个较为常见的问题并有标准答案，话务员便可以利用语音播放的功能，让系统来代替话务员介绍。

(十五) 传真：在线接收客户传真

在通话的状态，用户若要发送传真给平台，那么话务员此时可以点击“传真”。这时 IVR 将会自动接收传真。若不在通话状态，则不能使用该功能，即不能在线接收传真。发送传真不在这里实现，而在业务模块中实现。

二、业务流程有关介绍

(一) 咨询流程

图 4. 2 是从客户联络中接收到客户的咨询请求，通过查询电力知识库与公共信息，答复客户相关的政策法规、业务办理的程序、事务处理的流程、电费电价的标准、停电的信息、用电优惠的政策、新装和增容与变更用电方面的有关规定和收费、用电安全方面知识、电力百科等信息咨询。

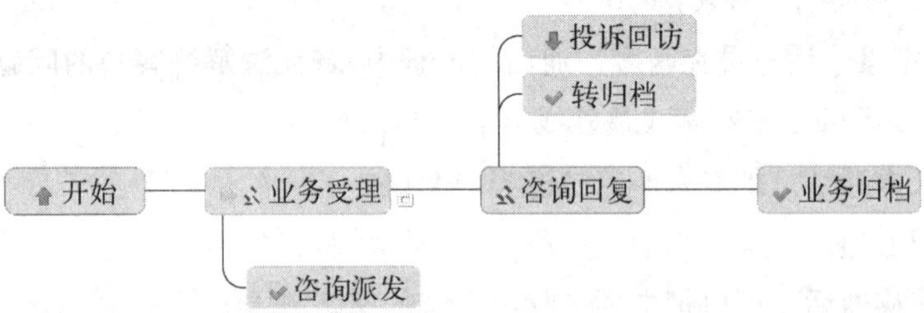

图 4. 2　咨询流程

(二) 投诉流程介绍

图 4. 3 是从客户联络中接收到客户的投诉请求，受理客户对服务的行为、服务的渠道、业扩的工程、装表接电、用电的检查、抄表和催费、电价和电费、电能的计量、停电问题、抢修质量、供电质量等方面进行投诉，转移到相关部门进行处

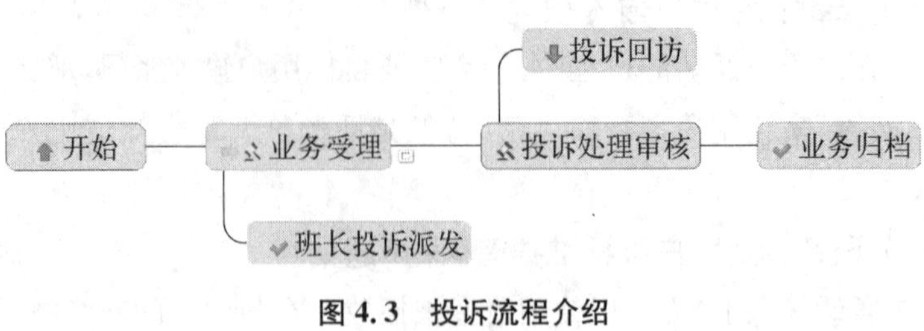

图 4. 3　投诉流程介绍

理，并且对处理的过程进行有效跟踪和督办的流程图。投诉处理的结果应当及时反馈给客户，进而形成闭环管理。

（三）举报流程介绍

图 4.4 是从客户联络中接收客户对作风廉政、违章窃电、破坏电力设施、偷盗电力设施、违约用电等方面进行举报，转到相关部门进行处理，并对处理过程进行跟踪和催办的流程图。举报处理结果及时反馈给客户，形成闭环管理。

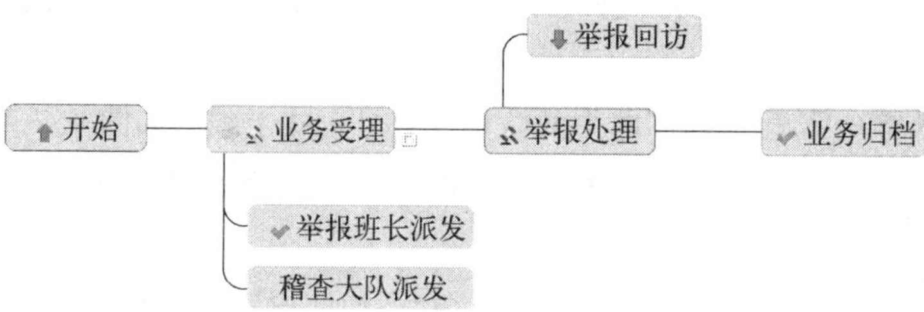

图 4.4　举报流程介绍

（四）建议流程介绍

图 4.5 是从客户联络中接收客户对电网建设、服务质量等方面的建议或意见，并转到相关部门进行处理。根据相关部门的处理结果回访客户，了解客户对建议处理的满意程度，形成闭环管理。

图 4.5　建议流程介绍

（五）订阅服务流程介绍

图 4.6 是受理客户订阅或退订申请的流程图。根据客户订阅的内容及要求，向客户发送订阅的相关信息。

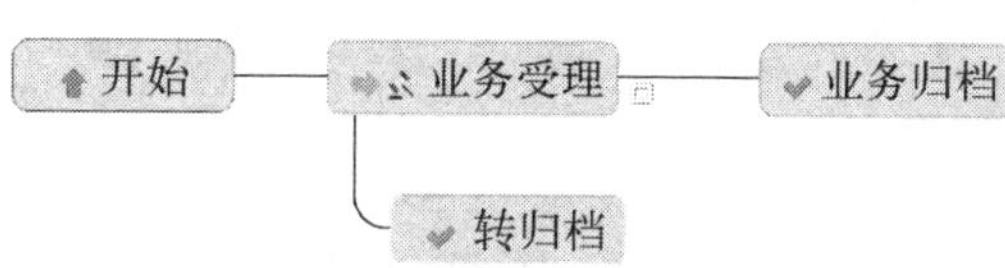

图 4.6　订阅服务流程介绍

第二节　"国网江苏电力"微信公众号

微信的发展给人们的交流带来了极大的便利，随之产生的微信公众号也给人们的生活带来了很大的影响。商家可以利用公众号进行一系列的自媒体活动，简单来说就是进行一对多的媒体性行为活动。例如，商家先申请微信公众服务号，通过后进行二次开发，展示商家微官网、微会员、微推送、微支付、微活动、微报名、微分享、微名片等，这种行为如今已经形成了一种主流的线上线下微信互动营销方式。

2013 年 8 月，国网江苏电力的微信公众号正式上线。如图 4.7 所示，开通了用电指南、实时电量、账单推送、充值交费、停电通知等功能。关注的方式有两种。

图 4.7　江苏电力微信二维码

方式一：进入微信-点击"添加朋友"（右上角 + 号）-查找公众号-搜索"国网江苏省电力公司"或"sgcc-js"。

方式二：进入微信-点击"发现"-选择"扫一扫"扫描图 4.7 二维码即可添加。微信公众号界面如图 4.8 所示。

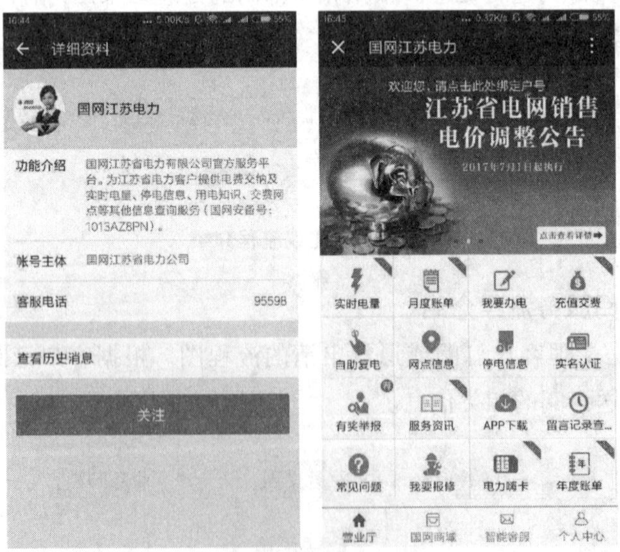

图 4.8　江苏电力微信

关注成功后绑定账号，便可以接收相关账号下的消息，每月定时推送电费账单，用户可以随时查询实时电量、账单消息以及营业厅的相关公告等。而且，电费的缴纳可以直接通过微信支付，与传统的排队支付方式相比，更加快捷便利，节省了用户的大量时间，缴费过程也十分简单。国网江苏省电力公司微信平台还推出了“居民新开户”功能。省内居民只要使用国网江苏省电力公司微信平台“居民新开户”功能，远程申请新装业务办理，次日就会有工作人员上门安装电表。不仅如此，用户有任何问题，可以直接在线询问智能客服。同时，公众号还会组织一些活动，用户可以直接在公众号上参与。活动结束后，用户也能直接在微信中知道活动的结果。

除了关注“国网江苏电力”的微信公众号外，我们也可以通过下载相关电力的 APP 来进行相关业务的办理，同样可以进行电费缴纳和接收相关通知。所以，“互联网 + ”电力营销策略给客户的交易提供了很多途径，人们可以选择自己喜欢的方式进行相关的交易，让客户体验到真正的自由和便利。

随着“互联网 + ”电力营销建设的深入推进，国网江苏电力高度关注客户需求，拓展多元服务模式，持续提升供电服务品质，用户可以随时接收国网江苏电力的最新通知，让用户真正享受到足不出户的待遇。

第三节　“掌上电力”和“电 e 宝”

一、“掌上电力”

（一）什么是“掌上电力”

“掌上电力”是公司供电服务移动营业厅，如图 4.9 所示，分低压版和企业版两个版本。

低压版主要面向低压居民及低压非居民用户提供电力营销全业务服务，于 2013 年 7 月开始建设，并在 26 个省推广上线（除西藏外），实现对外服务。截至 2016 年 10 月 12 日，实现用户注册开通量 2 481. 36 万户，交费笔数 782. 75 万笔，交费金额 12. 22 亿元。

企业版主要面向企业客户提供电力营销全业务服务，于 2015 年 11 月开始建设，并在 26 个省实施部署，其中北京、天津、山东、江苏、浙江、湖南、吉林、宁夏、冀北 9 个

图 4.9 "掌上电力"APP

省已实现对外服务。截至 2016 年 10 月 12 日,9 省注册开通量达 10.1 万户。

"掌上电力"低压版 APP 和企业版 APP 适配所有手机分辨率,界面如图 4.10 所示。客户可通过 APP Store、豌豆荚等手机应用商店下载,或通过 95598 网站、微信服务公众号、手机分享、实体宣传材料等渠道扫描二维码下载使用。

图 4.10 "掌上电力"服务界面

(二)“掌上电力”的功能

1. “掌上电力”低压版 APP

“掌上电力”低压版 APP 设计以用户体验为基础，以内容为中心，为满足用户办理用电业务，提供登录认证服务、交费购电服务、业务办理服务、用电查询服务、客户服务、辅助服务等不同类型服务。

(1) 登录认证服务。用户登入流程如图 4.11 所示。通过注册-登录-绑定户号完成登录认证服务。注册主要通过手机号验证注册，登录可通过掌上电力注册账户、QQ 账户、微信账户、“电 e 宝”账户进行登录。每个注册账户最多可以绑定 5 个户号，1 个户号只能被 1 个注册账户绑定。目前，注册账户信息、户号绑定信息均由“统一账户平台”管理。

图 4.11　用户登录页面

(2) 缴费购电服务。注册客户或绑定户号客户可通过“电 e 宝”、银联、支付宝三种支付方式交费购电，同时可为他人代交或代购电费。

(3) 用电查询服务。服务查询流程如图 4.12 所示。开通户号的客户可查询家庭近 1～3 年的用电情况，执行阶梯电价客户能够掌握家庭年阶梯用电量情况，还可将电量电费信息分享至微信好友、微信朋友圈、QQ、QQ 空间等社交平台。此外，客户(预付费和后付费)还可以了解欠费及余额情况、停电计划以及在手机端、电力营业厅、银行、自助缴费终端等多渠道交费购电情况。

(4) 业务处理服务。业务处理一般包含以下服务：

图 4.12　服务查询

① 为客户提供在线报修申请及进度跟踪服务。报修时客户可以上传故障图片,报修申请通过,客户可实时跟进报修工单进度和抢修人员位置信息,在抢修完成后,客户还能进行抢修服务评价。

② 为客户提供在线新装业务申请服务。客户可通过"掌上电力"填写基本信息并上传相关资料,在线提交低压企业及个人用电申请。目前,除黑龙江、山西、辽宁、新疆 4 家公司外,其他网省公司均已开通此服务。新装申请时,除需填写申请信息外,企业客户必须上传身份证照片、营业执照照片或机构代码证照片,个人客户必须上传身份证照片。客户可以通过办电申请中的工单查看具体进度信息,也可以通过进度查询中的办电服务,输入相关信息查询工单,同时跟进工单进度信息。对于办理中的工单,客户可催办;已办结的工单,客户可对其满意度进行评价。

③ 为客户提供在线提交增容及更名业务申请的服务。支持低压非居民和低压居民两种用户类型。目前,浙江公司已开通增容及更名申请服务。在办理增容及更名申请时,申请人可以为法人、产权人本人以及经办人,经办人申请(用户性质为企业)时需提供法人本人的授权委托书。还可以为客户提供办理增容及更名申请的进度跟踪服务。客户可以根据工单查看业务办理状态,对于办理中的工单,客户可进行催办;已办结的工单,客户可进行满意度评价。

(5) 客户服务。为客户提供在线咨询、投诉、举报、意见、建议以及表扬服务。客户可定制搜索或周边搜索服务网点。周边搜索中,客户可查看周边网点地图分布,查看路线图;定制搜索中,客户可通过输入关键字进行网点查询。客户可以了解服务指南、资费标准、服务承诺、用电常识、电力法律法规和用电常见问题等不同类别用电知识。

2. “掌上电力”企业版 APP

“掌上电力”企业版 APP 为满足企业客户线上办理用电业务需求。其服务流程如图 4. 13 所示，提供登录认证服务、业务办理服务、用电查询服务、客户服务、辅助服务等不同类型服务。

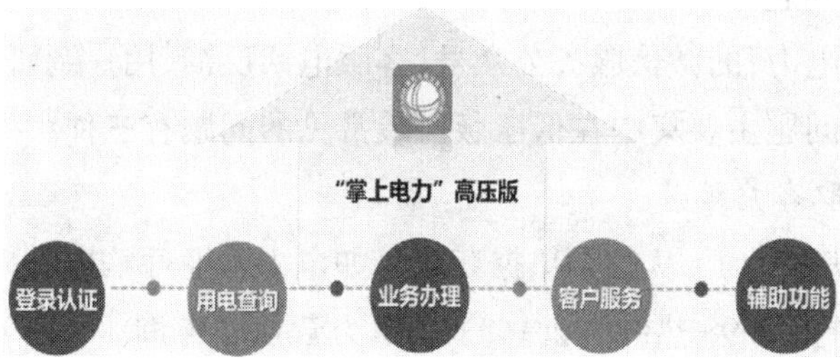

图 4. 13　服务流程

(1) 用电查询服务。其流程如图 4. 14 所示。开通户号的客户可查询企业月度电量电费明细及构成情况、电量电费及功率因数趋势同比分析情况、账户信息(账户余额、交费记录、预存电费、预存使用)、抄表数据、电源信息等，此外，客户还可以查看企业基本信息，并对企业联系人进行在线维护。

图 4. 14　用电查询服务

(2) 业务处理服务。它包含以下服务：

① 客户可通过掌上电力，填写基本信息并上传相关资料，在线提交新装业务申请，并可通过申请编号或用电户号查询已申请工单办理进度信息。对于进行中的工单可进行催办，已完成的工单可进行评价操作。

② 企业客户可以通过工单编号或户号，查看办理业务的进度。对于正在进行中的业务，还可查看业务流程提示信息。

(3) 客户服务。客户可查看服务网点、停电公告、用电知识、业务办理指南等服务。

(4) 辅助功能。客户还可以通过“掌上电力”,进行户号切换、户号授权、账户管理、二维码分享等操作服务。

(三) 常见问题

根据“掌上电力”的微信服务公众号、客服电话反馈、用户调研等渠道获取的客户问题反馈,问题主要集中在低压版。最常见的问题有三种:

1. 如何获取客户编号

三种途径获取:(1) 从各类单据获取。如电力营业厅购电发票、客户用电登记表等;(2) 拨打 95598 热线咨询;(3) 到电力营业厅咨询。

2. 如何获取查询密码

三种途径获取:(1) 通过短信查询(北京);(2) 拨打 95598 热线;(3) 到电力营业厅办理。

3. 如何解除客户编号与注册账户的绑定关系

三种途径解绑:(1) 客户通过掌上电力 APP“我的”中【户号绑定】功能删除已绑定户号后,自行解绑;(2) 通过拨打 95598 热线电话,由统一账户平台解绑;(3) 通过各省公司客服中心及营业厅进行解绑。

二、“电 e 宝”

(一) “电 e 宝”概念

“电 e 宝”是国家电网公司自有全网通互联网交费平台,为广大用电客户提供安全可靠、优质高效的支付服务。它是国家电网公司互联网线上供电服务的主营载体之一,集支付结算和金融服务于一体,为国家电网公司电力营销、供电窗口、国网商城、国网商旅等业务提供全方位便捷、高效的资金结算服务,有力地支撑着国家电网公司电力服务水平,为国家电网的整体实力提升提供强有力的后援。

(二) “电 e 宝”的基本功能

(1) 主界面介绍。“电 e 宝”主界面秉承以用户为中心的原则,以亲民、生活为主基调,打造“便利生活,乐享财富”优质服务平台。APP 具备的基本功能如图 4.15 所示。主界面分为五个功能区域,包括:常用功能区、综合应用区、广告推广区、延伸应用区、个人功能区。

图 4.15　电 e 宝的基本功能

图 4.16　“电 e 宝”的登录界面

(2) 用户通过“电 e 宝”注册服务进行注册。其注册流程大致为：

① 注册“电 e 宝”可选择 PC 电脑端进行注册，也可下载“电 e 宝”APP 进行基本信息注册；

② 输入您的手机号，点击获取短信校验码，输入校验码，设置登录密码，确认登录密码，勾选“电 e 宝”用户服务协议，点击注册；

③ “电 e 宝”对用户填写的基本信息是否已经存在进行判断，并对注册信息的基本信息合法性进行校验；

④ 点击注册，成功进入“电 e 宝”登录界面，如图 4.16 所示。

(3) 登录方式。登录方式包括普通登录及户号登录。户号登录流程如下：

① 首页点击【户号登录】，选择地区，输入户号、查询密码，点击【登录】；

② 首次使用户号登录会进入关联手机号页面，输入手机号，获取并输入验证码，点击【确定】；

③ 进入“电 e 宝”主界面。

(4) 户号绑定。其流程如下：

① 登录“电 e 宝”主界面，点击【设置】；

② 点击电力户号,进入户号绑定界面;

③ 核对户号、户名,获取并输入验证码,点击【确认】;

④ 户号绑定成功。

(5) 登录密码找回。其流程如下:

① 进入"电 e 宝"登录界面后,点击【忘记密码】;

② 输入手机号,点击【获取验证码】,输入验证码;

③ 点击【下一步】,跳转至登录密码找回界面,输入新的密码,点击【确定】;

④ 重置密码成功,点击【完成】,跳转到登录界面。

(6) 银行卡绑定。其流程如下:

① "电 e 宝"页中点击最下方【钱包】选项,找到【银行卡】;

② 点击【快捷支付银行卡】;

③ 点击【添加快捷银行卡】;

④ 选择绑卡种类,储蓄卡或信用卡;

⑤ 填写银行卡及校验码信息后点击提交,完成绑卡操作。

(7) 提现。其流程如下:

① "电 e 宝"首页中,点击左下角的【钱包】选项;

② 点击【提现】;

③ 输入需提现金额,点击【下一步】。若没有绑定提现银行卡,点击【添加提现银行卡】输入相关信息进行绑定;

④ 输入正确的支付密码和校验码,点击【确定】完成操作。

(8) 充值。其流程如下:

① "电 e 宝"首页中,点击左下角的【钱包】;

② 点击【充值】;

③ 输入充值的金额,点击【下一步】;

④ 输入手机号和验证码,点击【确认】,充值即成功。

(9) 转账。其流程如下:

① "电 e 宝"首页中,点击左下角的【钱包】;

② 点击【转账】;

③ 此处既可选择向通讯录好友转账也可选择转账到"电 e 宝"账户;

④ 选择一个转账对象;

⑤ 输入支付密码和校验码，即可转账成功。

(10) 实名认证。实名认证分为两种：一是银行卡认证，二是身份证认证。二者区别在于风控限额大小。

(三) “电 e 宝”的特色功能

(1) 电费小红包。电费小红包是由“电 e 宝”发行，具备国网公司特色的以电力消费为特性的互联网支付红包。它是“电 e 宝”提升服务品质及影响力的重要手段，可通过购买、预存电费、注册新用户及抽奖等活动获取。小红包可赠送给微信朋友及通讯录朋友，支持缴纳电费，但不可提现。它具有的特色功能如图 4.17 所示。

图 4.17　特色功能

(2) 生活缴费。通过“电 e 宝”，用户可以获得便捷的电力交费体验，能够方便地查询电费余额，可以使用银行卡、“电 e 宝”账户余额和电费小红包等多种支付方式完成电费的充值和缴纳。缴纳电费的具体流程如图 4.18 所示。

(3) “多重好礼”推广活动页面，如图 4.19 所示。推广“电 e 宝”电费缴纳功能，培育居民客户通过“电 e 宝”缴纳电费的支付行为习惯，倡导居民电费缴纳方式从后付费向预付费转变，实现电力支付平台与电力客户点对点智能互动服务，提高“电 e 宝”平台品牌知名度。

图 4.18　缴费流程

图 4.19　多重好礼

① 交费有礼(缴纳电费送红包活动)。居民客户通过"电 e 宝"(包括"掌上电力"APP、95598 网站中的"电 e 宝"支付渠道)在线缴纳电费,可立即获得红包返现。

② 分享有礼(分享送电费小红包)。活动期间,平台已注册用户通过微信好友、微信朋友圈以及手机通讯录等方式邀请小伙伴注册"电 e 宝",邀请人可获得电费小红包若干。

③ 体验有礼。体验有礼来源于用户在手机 APP 端体验产品时,发现问题或是建议,通过文字、截图、语音方式告知"电 e 宝",对上传有效建议的用户,国

网电商公司会通过后台进行审核并派发电费小红包，每天限前 1 000 条有效建议，优质建议可追加电费小红包，客户可在卡包里进行查询。

④ 各地会有相应的特色好礼活动，例如“连击翻倍”“惊爆全免”等，由各地网省公司提交方案并开展进行。

(4) 交费盈。集交费与理财为一体的特色功能，一分钱起投，低风险，随存随取，还可提供自动缴费服务，根据选择而进行定额的自动代扣电费。

(5) 扫码支付。用户通过“电 e 宝”主页面下方的“扫一扫”图标，扫描入住“电 e 宝”的商户二维码，即可给商户付款。

(6) 推广二维码。客户注册“电 e 宝”并登录，扫完推广人员二维码，点击“确定”之后，才能成功记录推广记数，算作推广成功。推广二维码主要是用来记录推广人员的推广数量等信息的。

(7) 国网商城。它是以“电”为主线，以“节能”“智能”为产品特色，以电动汽车、分布式电源、电工电气等产品在线销售和配套服务为主要经营内容的网上商城，着力构建电子商务专业化、差异化、特色化等核心竞争力，全面建设具有国网特色的综合电子商务生态网络。综合电子商务生态网络如图 4.20 所示。

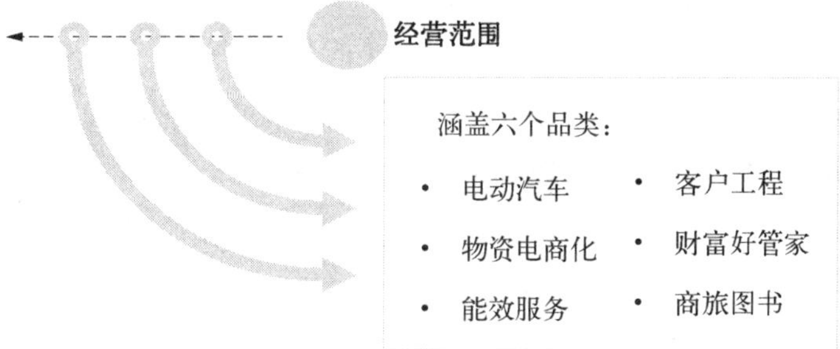

图 4.20　涵盖网络

(8) 国网商旅平台。它是集机票、酒店、火车票、会议培训、商务旅行及差旅管理等为一体的商旅服务平台。

(9) 供电窗。“电 e 宝”的供电窗类似于支付宝的服务窗和微信的公众号，是为了更好地提升“电 e 宝”的服务功能，为各省市电力公司专门设计的供电服务窗口。

各省市电力公司可以按照“电 e 宝”的标准接口，自主开发、设计各自服务举措和个性特色，使“电 e 宝”成为国家电网公司和用电客户的智能交互平台，极大地提升用户黏性。

(10) 财富好管家。由国网商城与系统内外部金融机构合作运营,为用户提供理财、保险、基金、信托等金融交易服务。通过与银行、保险、证券、资产管理等机构的联动合作,致力于将"财富好管家"打造成为具有国网特色、提供综合理财服务的互联网金融业务品牌。

(11) 金财贷。面向电力系统的信用贷款,高利率年化8%~10%,由保险来保证,服务体系如图4.21所示。

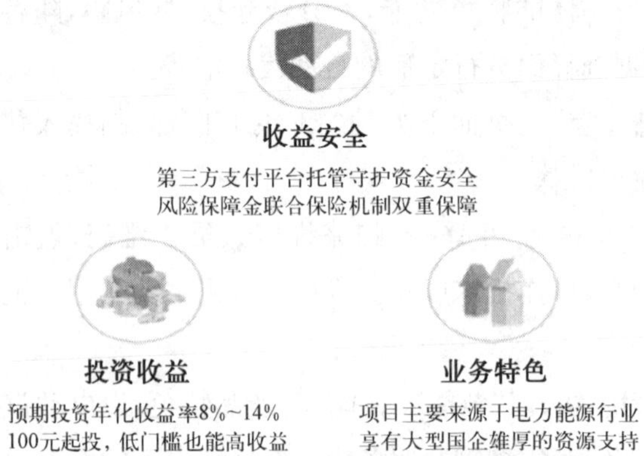

图 4.21 服务体系

(12) 体验师。体验师的主要功能为各省(区、市)电力公司营销口的主要人员提供意见交流的入口。运营人员将主要人员的手机号录入运营后台系统,只有录入过的人员才能使用体验师的功能。

(四) 常见问题解答

(1) "电 e 宝"客服电话和"电 e 宝"网站是多少?

答:客服电话 400-70-95598,网站 www.95598pay.com。

(2) "电 e 宝"账户是否可以绑定非本人的银行卡?

答:"电 e 宝"绑定的银行卡需要与"电 e 宝"账户注册时设置个人信息中的真实姓名一致,必须绑定本人的银行卡。

(3) 银行卡绑定不上怎么办?

答:可能是由于以下原因导致:① 目前绑定银行卡的银行预留手机号码、姓名需要与注册"电 e 宝"的注册手机号码、姓名保持一致,才可以绑卡成功。② 客户的发卡方的银行卡信息与银联中登记的信息不符,而我方绑卡时是与银联的信息进行核对的,建议客户咨询自己的发卡方,确定银行卡在银行的信息是否与在银联的信息一致。

(4) 手机 APP 端如何解绑银行卡?

答:点击"银行卡",找到想解绑的银行卡,只需要向左滑动,选择"删除"。

(5) 支持邮政储蓄银行电费支付吗?

答：支持邮储借记卡支付，需要该卡开通“无卡支付”功能，如绑邮储卡不成功，可以与发卡方确认是否开通此功能。

(6) 如交电费银行卡已经扣款，但电费没有到账，怎么办？

答：如确认是“电 e 宝”平台原因导致，款项退款审批后 2～15 个工作日会退还用户。

(7) 为什么注册时提示：注册失败？

答：同一手机(设备)注册数量限制为 50 人，同一手机(设备)24 小时内的登录账户数量限制为 40 人。当超过注册限额后，会出现此问题。

(8) 交易限额是多少？

答：如您是绑卡 31 天内的新用户，一般地区单日/单月 100 笔，单月 1 000 元(对于开展电费业务推广的省公司风控规则可适当上调)；如您是老用户，每月缴纳电费的笔数按照单日 50 笔、单月累计 50 笔进行控制，交费金额按照不同级别认证客户的余额支付、快捷支付限额进行控制：余额支付未认证每笔限额 1 000 元，单日限额 1 000 元，单月限额 2 000 元；银行卡认证每笔限额 2 500 元，单日限额 5 000 元，单月限额 10 000 元；身份证认证每笔限额 5 000 元，单日限额 10 000 元，单月限额 20 000 元；快捷支付银行卡认证每笔限额 5 000 元，单日限额 10 000 元，单月限额 20 000 元；身份证认证每笔限额 10 000 元，单日限额 10 000 元，单月限额 50 000 元。

(9) 如触碰限额，客户仍急需交易怎么办？

答：建议用户在设置-实名认证-完成身份证认证提高账户等级，从而提高限额或者支付选择时选择网银支付(银行快付)跳转到相应银行界面进行支付。

(10) 如省公司人员因业务需要提高交易限额，怎么办？

答：可以向风险管控部门申请加入白名单，需提供工作证件的影像、注册手机号(账号完成实名认证)及测试周期(测试周期不得超过 1 个月)；如已经是白名单用户依然提示超限额，请联系发卡方是否由发卡方限额原因导致。

(11) 短信验证码收不到是什么原因？

答：如是在绑卡过程中请核对绑定银行卡的银行预留手机号码、姓名与注册“电 e 宝”的注册手机号码、姓名是否一致；可能是手机默认将平台短信加入黑名单，请客户从短信黑名单中还原至正常状态；可能是短信平台系统问题。

(12) 每天最多可以查询多少户号信息?

答:单日限制 10 个不同电表号。

(13) "电 e 宝"用户登录口令和密码输入错误的限制次数是多少?

答:5 次。

(14) 我的电费小红包使用后未成功,怎么消失了?

答:由于红包全额支付电费操作导致消失的会在 30 分钟内会自动退回您的卡包中。由于红包和银行卡混合支付操作导致消失的会同银行卡退款时间一致退回到卡包中。由于转赠操作导致消失的小红包会在 2 小时后自动退回客户的卡包中。

(15) 单笔交电费小红包,最多使用多少个?

答:单笔最多使用 10 个小红包,最多可抵扣电费 200 元。

(16) "电 e 宝"交电费可以开具发票吗?

答:客户可以去当地对应的营业厅开取发票。

(17) 在"电 e 宝"交电费成功,电费已到账,可以退款吗?

答:不支持退款。

(18) 如果出现银行卡盗刷问题,如何解决?

答:如果客户银行卡被盗刷,银行方确认是"电 e 宝"渠道的原因,需要客户联系"电 e 宝"客服确认盗刷行为是否被风控拦截。如未被拦截,则无法追回款项,如已被拦截,需客户提供身份认证、银行卡信息等材料核实并返还给客户。

(19) "电 e 宝"支持卡表(本地费控)用户吗?

答:不支持卡表,支持远程费控电表。

第四节　第三方交易渠道

一、支付宝缴费

随着网上支付的兴起,现在大家都可以足不出户的办理各种事项,下面为大家介绍支付宝缴纳电费的方法。

(1) 下载支付宝 APP,登录支付宝账号(没有的就注册下)。登录后点底部"首页",再点中间的"更多",选择"生活缴费",如图 4.22 所示。

(2) 点击"电费",如图 4.23 所示。

图 4.22　支付宝生活缴费页面

图 4.23　支付宝交电费页面

（3）选择电网公司，或电网公司（银行代收），如图 4.24 所示。

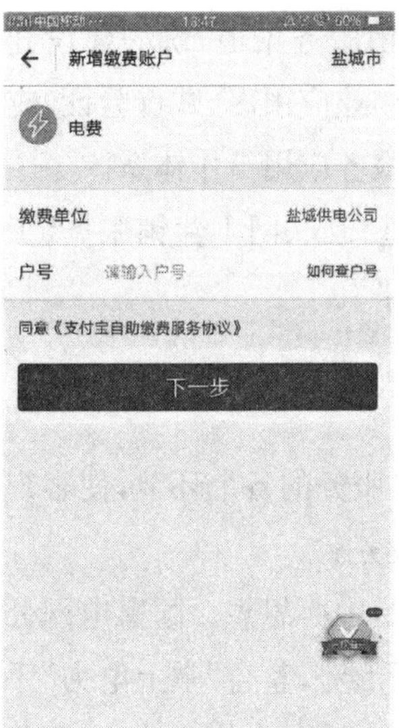

图 4.24　支付宝选择电网公司页面

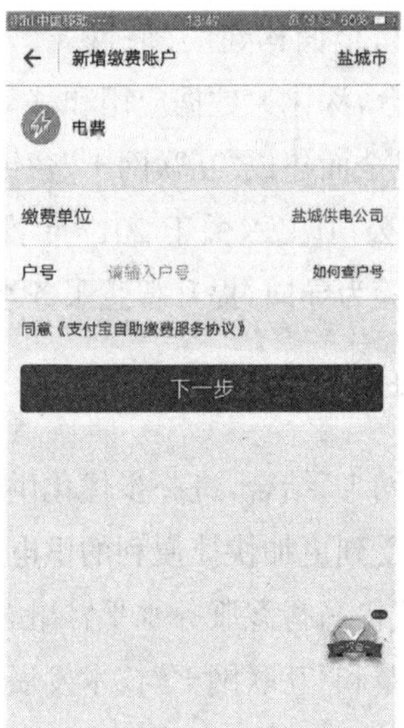

图 4.25　支付宝输户号页面

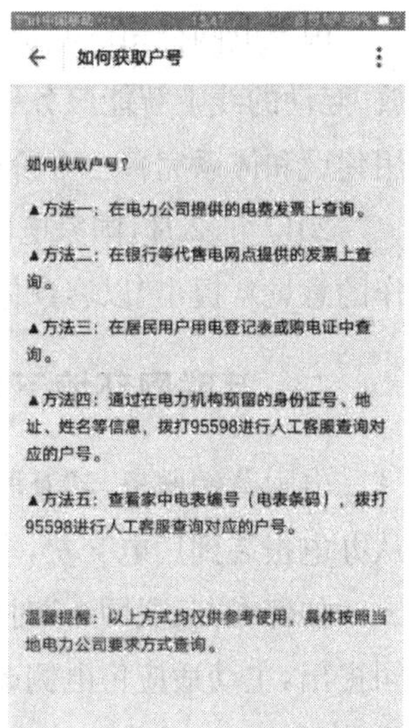

图 4.26　支付宝查询户号页面

（4）在用户编号后面输入自家平时缴费的用户号，如图 4.25 所示。

（5）如何查户号，如图 4.26 所示。

第五节　互联网下供电服务变革与价值创新

“互联网+”时代最大的机遇便是传统行业与互联网技术的深度融合，当传统的供电服务与新兴的互联网进行深度融合，将发生一系列新的变革。从国家电网公司2017年年中工作会议中了解到，2017年上半年，高、低压用户线上办电率均达到80%以上，智能交费用户占比50%以上，新增“多表合一”信息采集用户100万户……种种现象表明，在未来，以客户体验为导向的智慧用电服务和以跨界合作为手段的用电增值业务，将会给人们的生活带来更大的影响。

一、电力营销服务的新模式

在未来20～30年，发展前途最大可能是互联网技术和传统经济的结合。“互联网+”时代的电力服务，也将在互联网技术的支撑下，发生翻天覆地的变化。当前，电力改革加快推进，互联网技术飞速发展，售电侧改革对营销服务提出新的要求。

国家电网公司已经提出，全面构建“互联网+”营销服务渠道，统一建设开放、互动的线上智能服务平台，深化大数据应用和移动作业应用，分试点验证、应用建设和体系完善三个阶段全面建成“互联网+”营销服务应用工作体系。

2017年2月，国家电网公司印发《关于2017年推进“互联网+营销服务”工作的意见》，提出“以客户体验为导向，提升智慧服务水平”。

二、互联网环境下供电服务的融合

电力营销服务与“互联网+”结合，进一步优化供电服务的各个环节，使客户从办电报装到用电交费，享受到更加快捷便利的供电服务。

如何在“互联网+”时代提高智慧服务水平？融合是中心思想。国家电网公司提出，主动适应售电侧改革和“互联网+”技术发展新形势，整合“掌上电力”手机APP、“电e宝”、95598网站及在线客服资源，优化线上线下一体化流程，深化营配调信息系统贯通和数据共享，打造前端触角敏感、后端高度协同的线上线下闭环服务链，全面提升供电服务智慧化水平，实现营销服务线上化、数字化、互动化。

“融合”的影响显而易见。国家电网公司2017年年中工作会议了解到，上半年，国家电网公司深化“互联网+营销服务”，高、低压客户线上办电率分别达到85.6%和80.6%，低压居民智能交费客户累计达2.1亿户，占比53.4%。

事实上，“互联网+”营销服务不仅在办电、交费等方面给客户带来了便利，可视化报修服务的推广也进一步提高了电网的抢修效率，提升了电网的供电可靠性。

国家电网公司对“互联网+”营销服务的实践还在继续。从国家电网公司2017年年中工作会议获悉，下一步，国家电网公司将进一步深化“互联网+”营销服务，积极推进线上交费和电子发票、电子账单实用化应用，下半年新增低压居民智能交费3 000万户，累计达到2.4亿户，占比62%。

三、互联网下供电服务的创新

(一) 推行“线上全天候受理，线下一站式服务”的业扩包装服务模式

开通线上办电、进度查询、自助缴费、监督评价等功能，设立电子座席和客户经理，开展线上业务受理和线下流程驱动，实现各类工单无纸化和电子化档案信息线上流转。全面应用业扩全流程信息公开与实施管控平台，实现业扩报装“全流程线上流转、全业务数据量化、全环节时限监控、全过程智能互动”。

(二) 推广电费抄核收一体化作业和远程费控系统建设应用

构建采集、核算、发行、通知、收费、账务一体化全自动作业模式，探索账期按月、结算随时的电费发行的新模式。深化营财一体化建设，对电费销账与银行对账信息在系统内建立强制关联，实施电费销账在线稽核。推行电子账单和电子发票，实现客户缴费成功实时获取到账通知和电子发票。

(三) 推行客户服务智能互动化

加强国网自有渠道推广，逐渐实现“掌上电力”APP居民版全业务功能应用。实现“掌上电力”APP企业版高压客户全覆盖，加强用电信息及政策推送服务，开展本质安全宣传，提高用户设备质量和运行维护水平，用户影响电网事故数量同比下降30%以上。建设全天候、全业务网上营业厅，建设100个无人营业厅，智能互动服务客户数1 500万。

(四) 加强业务创新实用化进程

推广现场移动作业应用，建设客户服务、电费催收、业扩报装、用电检查、计

量装拆、现场抢修等微应用群组，实现现场服务处理与信息线上流转无缝衔接，满足客户业务处理智能电子派单、现场标准化作业、工作质量全程在线管控目标。

推进新平台营配调贯通，实现末端业务融合，强化故障保修精准定位、停送电信息准确推送、线损管理智能研判等跨专业业务协同。

（五）进一步推进营配调末端业务融合

拓展抢修APP功能和应用范围，推动市县层面全面推广使用抢修APP，开展计量装置抢修和低压抢修业务，利用可视化界面，综合故障的地理新年信息、抢修人员位置及忙闲状况进行精准派单、在线监控，实现前端与后台一体化，支撑线上全天候受理，线下一站式服务。

思考题

1. 实战训练：登录95598网站根据提示进行操作。

2. 简述“国网江苏电力”微信公众号的开通给用户带来哪些便利？

3. 你觉得微信公众号中还需增加哪些功能？

4. 在使用“电e宝”APP时，用户可以直接从银行卡上扣费缴纳电费，也可以通过充值功能充值一部分钱到APP上购买电费小红包、缴纳电费等。请问如何通过充值功能进行充值？

5. 某客户自家居民住宅出售，计划将用电户头过户给房屋购买人，客户房屋产权证明齐全，并且已完成了产权过户，在社区宣传栏看到“掌上电力”业务办理推介告示，下载了“掌上电力”，且已经完成户号绑定。现咨询用电社区用电经理，如何办理过户手续，如果你是该客户社区经理，如何指导客户快速高效完成过户手续？

6. 互联网环境下供电服务遇到了哪些困难？有什么解决办法？请简述。

7. 互联网环境下供电服务与价值创新有了哪些发展？

第五章　互联网环境下电力消费服务创新与展望

伴随着现代的信息技术的发展，移动互联网目前已经成为一种重要的传播媒介。此外，移动互联网的开放性与共享性也为移动互联网的发展创造了更为广阔的发展空间。而在移动互联网的大环境下，当下各行各业的营销方式也逐渐开始发生转变。而电力行业作为一个国民经济的基础行业也同样面临着营销竞争的压力，它的营销服务方式也会发生转变，注重同用户之间的有效互动，提高它的服务效率。本章主要研究在移动互联网背景下电力营销服务方式的创新，并以此来促进电力营销服务的有效发展。

移动互联网的快速发展使得电力企业的电力系统稳定性在不断加强，消费者用电安全也得到保障。可是，随着经济的持续发展与人民生活水平的日渐提高，人民对其服务质量的要求也在不断提高。于是在这种背景下，如果要想保障电力企业的高速发展，解决两者之间的矛盾，那么电力企业就必须不断地创新营销服务的方式，进而满足消费者当前的用电需求。

从电力企业行业发展情况来看，电力系统和信息技术，移动互联网技术之间的联系越来越紧密，伴随着移动互联网的进一步介入，也极大地提升了电力服务上的安全性与稳定性。当前，在对电力能源提出更高需求的背景下，以“互联网+”“全天候智能电力营业厅”“电力营销服务新平台”为依托的新型营销模式，能够有效拉近电力企业产品和服务与电力用户之间的距离，进而提高电力营销和电力服务质量。

目前移动互联网技术取得了突飞猛进的发展，在物联网、云计算和大数据等新技术的帮助下，社会的各行业生产营销活动都在倾向于凭借移动互联网技术，来对营销服务进行创新，使之趋于精细化。2015 年，伴随着"一带一路"发展战略的提出和推行，社会各行业的用电需求量激增。从电力行业改革发展来看，以及在"两个转变"以及"三集五大"等电力系统改革政策的推动下，电力营销的服务想要实现高品质和高效率，则需要围绕满足电力用户需求这一条主线，转变传统的营销业态模式，借助于移动互联网技术，对客户加以细分，推行精细化及差异化的电力营销服务。

第一节　电力消费大数据智能分析技术

电网公司服务的对象主要是当地的居民用户。随着居民消费水平的提高，用电量的增加，根据居民以往的消费资料显示，当气温升高时，居民的用电量会增加。为了更好地为居民供电以及进行其他的电力服务，电网公司需要对居民用电消费所受影响的相关因素进行调查统计，并且掌握居民用电习惯及其主要影响因素之间的联系。这就需要借助大数据平台进行分析，搭建相关数据挖掘模型，最终实现居民用电消费和用电负荷预测分析。建立数据挖掘模型不仅是为了了解居民用电消费行为，提高负荷预测的准确性，也是为了验证大数据技术应用于电力行业的有效性，为以后高效的服务提供保障。

一、电力大数据

电力大数据如图 5.1 所示，主要包括数据采集层、数据存储层、数据处理层、数据应用层以及平台管理的层级框架。其中，数据采集层是采集和整合数据的统一场所。数据存储层的作用是大规模存储、快速查询读取。数据处理层是提供数据的加工、分析、处理和挖掘服务的场所，主要是对数据进行查询和计算。数据应用层是通过对数据进行挖掘分析，实现新的价值，为大数据分析技术提供依据。平台管理层级框架的功能是为大数据开发人员提供稳定高效的大数据分布式系统开发、运维和管理。

样本数据中经常包含一些有缺陷、不一致的数据，所以在对数据进行建模前需要对这些数据进行预处理，确保数据的可利用性。涉及的数据预处理主要包含异常数据的处理及有关节假日和自然增长因素的数据处理。

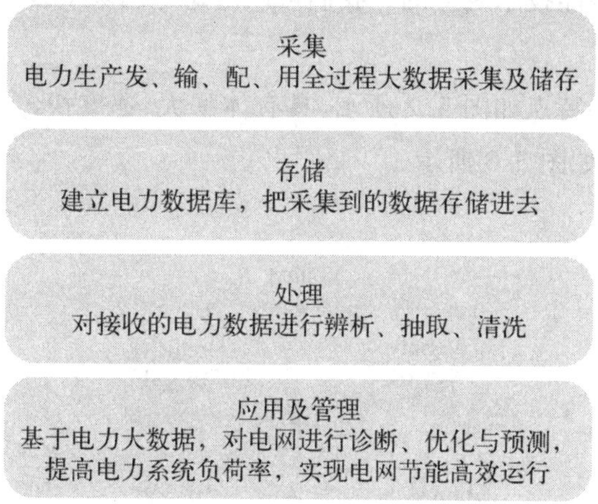

图 5.1　电力大数据

(一) 异常数据处理

观察并找出样本数据中存在的一些空值、异常值或超出阈值范围的数据，对于这类异常数据，处理时不能直接进行舍弃，而应该分析这类数据产生异常的原因，并且运用数据补齐算法对其进行预处理，以确保数据的完整、准确。

(二) 节假日因素

我们知道，周六和周日是大部分事业（企业）单位放假休息的时间，这段时间会造成节假日居民用电消费量增加，为了保持不同日期类型的数据在一定时间周期内的可比性和连贯性，就需要对节假日期间的相关数据进行预处理。

(三) 自然增长因素

随着社会的发展，居民生活水平不断提高，这时便要考虑到居民用电消费在一段时间内较之前相比会有一定幅度的提高，所以我们需要考虑自然增长因素的影响，并对数据进行预处理。

目前电力行业已经基本被网络化与智能化所覆盖，对客户的分群的数据主要来源于电力的计量、营销等业务系统。通常情况下，系统是利用智能采集终端设备和通信网络对客户的数据进行采集、抽取。由于数据量很大，在大数据时代用传统的智能分析法已经不能适应当前的需求，但大数据时代的智能分析技术也是基于传统的智能技术之上的。我们可以考虑运用基于云计算环境下的数据分析处理技术。

电力大数据的特点如图 5.2 所示，具有体积大、速度快、类型多等特点。智能数据分析技术，如图 5.3 所示。

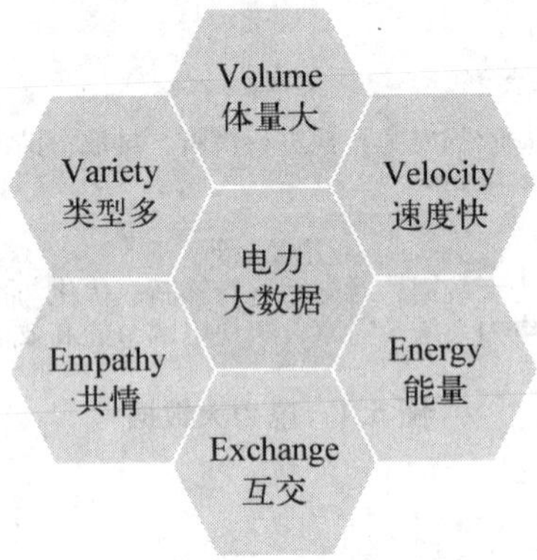

图 5.2　电力大数据的特点

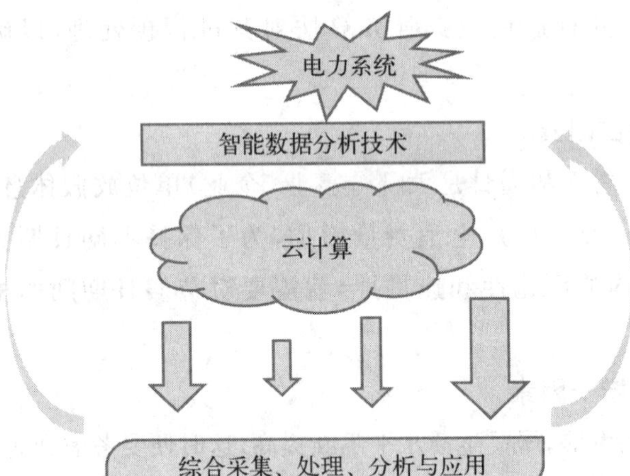

图 5.3　智能数据分析技术

二、云计算技术的描述

就目前来说，云计算技术没有一个固定的概念，它在网络上的说法有很多种。目前网上所能查找到的最多的一种说法是：“基于互联网的相关服务的增加、使用和交付模式，通常涉及通过互联网来提供动态、易扩展且经常是虚拟化的资源。”云是网络、互联网的一种比喻说法。过去在图中往往用云来表示电信网，后来也用来表示互联网和底层基础设施的抽象。因此，云计算甚至可以让你体验每秒 10 万亿次的运算能力，拥有这么强大的计算能力可以模拟核爆炸、预测气候变化和市场发展趋势。用户通过电脑、笔记本、手机等方式接入数据中心，按自己的需求进行运算。现阶段广为接受的是美国国家标准与技术研究院(NIST)定义：云计算是一种按使用量付费的模式，这种模式提供可用的、便捷的、按需的网络访问，进入可配置的计算资源共享池(资源包括网络、服务器、存储、应用软件、服务)，这些资源能够被快速提供，只需投入很少的管理工作，或与服务供应商进行很少的交互。”由此可见，云计算技术的应用范围十分广泛。

随着社会朝着信息化的方向发展，电力企业也开始沿用了信息化的管理模式。但是，电力公司的信息化管理依旧存在信息系统管理落后、信息的安全缺乏保障对策以及信息技术利用不够全面等情况。为了加强对电力公司的信息管理，电力公司应该在电力系统中运用云计算技术。居民用电消费所涉及的相关数据信息量多且杂乱，应用云计算技术不但能够有效地解决这些信息，而且可以高效处理电力系统中海量存储和计算复杂的问题，提高了电力企业工作效率。因此，云计算数据分析处理技术是应用于电力系统中的一种必不可少的技术。

当然，云计算技术侧重于计算的强大能力。在大数据时代，还有很多其他的智能分析技术。比如说，智能视频分析技术，这个技术侧重于视频的数据分析，我们也可以运用到电力消费的数据分析中去，可以通过视频分析客户的消费状况。

科技的发展是迅速的。大数据时代的到来虽然给人们带来了海量的数据，但是也给人们带来了分析它们的智能技术，给人们的生活带来越来越多的便利。通过运用智能分析技术来处理电力行业客户的消费信息，能够促进电力企业的服务改善与升级，提供令消费者更满意的服务。

第二节　电力消费服务云平台

近年来，随着电网规模不断扩大，结构日趋复杂，市场化改革日益深入，新能源技术不断发展，使得电力系统的安全与经济运行以及系统控制等变得越来越困难。为了解决上述问题，美国电力研究协会在 2001 年提出了智能电网的概

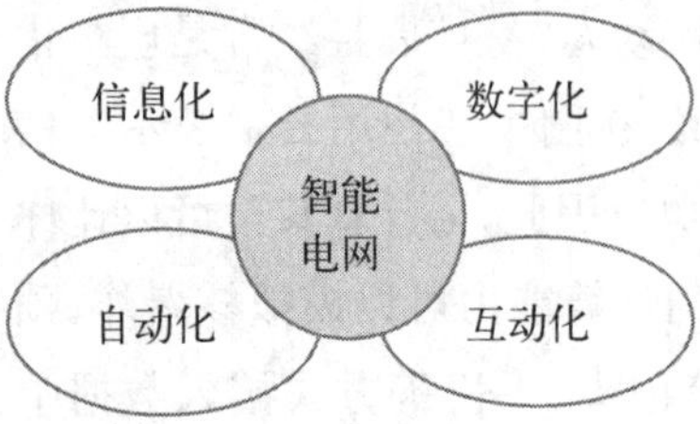

图 5.4　智能电网的特征

念。随后，欧洲成立“智能电网欧洲技术论坛”，将智能电网上升到战略地位。在国内，国家电网公司确立了建设坚强智能电网的发展战略，提出了以特高压电网为骨干网架，各级电网协调发展，具有“信息化、数字化、自动化、互动化”特征的坚强智能电网发展目标。如图5.4所示，依靠计算机、通信和控制等技术构建各种信息平台是国家电网所提出的“四化”坚强智能电网的重要手段。

随着分布式处理、并行计算、网格计算和效用计算的快速发展，云计算为智能电网下的数据规模海量信息处理、分析、存储、管理与计算平台提供了新的解决思路。

一、云计算概述

目前，对于云计算并没有一个标准化的定义。云计算的流行说法是：在互联网环境下的一种分布式计算模式，它强调面向服务（SOA）的概念和“数据中心”的架设，通过虚拟化技术，向用户提供各种服务，并实行“按需供给，按需付费”的思想，以比传统分布式计算更加经济的方式提供服务。计算机学术界和产业界普遍认为，云计算可向用户提供三个层面的服务，即“基础设施即服务”“平台即服务”以及“软件即服务”，如图5.5所示。

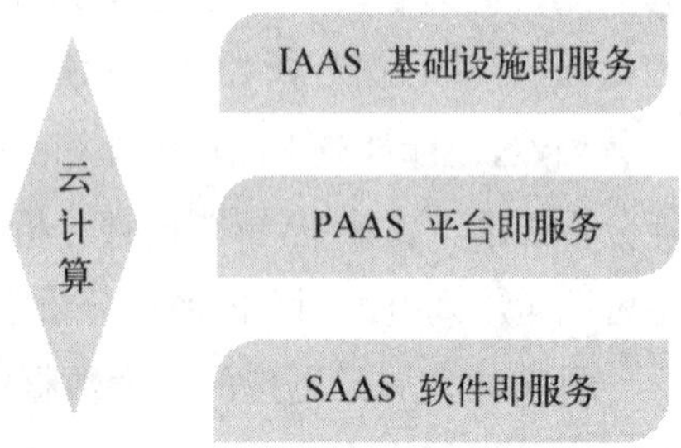

图 5.5　三个层面的服务

在国内的电力系统产业界，已经开展了多种信息平台建设方案，包括国家电网公司的SG186与国家电网企业资源计划、南方电网公司的基于SOA的企业级信息系统、华东电网企业级信息系统等。在IT产业界，包括Google、Microsoft、IBM等在内的许多行业大企业投身于云计算的研究与实践，并推出了一系列的云计算平台，包括Amazon Elastic Compute Cloud、Google App Engine、Sun Grid等。在学术界，也有研究者开始探寻云计算技术在科学计算和工程计算中的应用前景。

二、智能电网对信息平台的要求

(一) 精确、快速、开放、共享

精确、快速、开放、共享的信息系统是智能电网的基础，也是智能电网与传统电网的最大区别。智能电网的战略思想对信息平台的建设提出了以下三方面的更高要求：

(1) 贯通智能电网的发电、输电、变电、配电、用电、调度六个环节，实现信息的全面采集、流畅传输和高效处理，支撑电力流、信息流、业务流的高度一体化。

(2) 建立信息共享透明、集成规范、功能强大的业务协同和互操作平台。

(3) 海量信息的可靠存储与管理，充分挖掘信息的潜在价值，提升智能电网的分析和决策水平。

综上所述，建立安全、稳定、灵活、方便的大规模海量信息处理与计算平台是推动智能电网发展与建设的关键。而分布式处理、并行计算、网格计算和效用计算等方面的逐渐发展促进了云计算的发展。

近年来，部分学者开始对云计算技术与智能电网相结合的可能性进行研究。采用云计算技术构建智能电网信息平台，在现有电力设备基本不变的情况下，充分整合分析中国电力系统内部的计算处理与存储资源，实现智能电网全部业务信息的可靠存储与管理，具有成本低、可靠性高、易扩展等优势。这就能极大地提高电网数据处理与交互能力，为智能电网信息平台的建设提供了全新的解决技术。

(二) 云计算在智能电网信息平台的研究及应用

根据目前的研究，云计算在智能电网信息平台中的研究及应用主要体现在以下三个方面：

(1) 异构资源的集成与管理。在电力自动化系统中，存在多种应用系统和不同的应用平台，由于其应用的不同以及软硬件提供商、开发商不同，导致数据资源分散，并呈明显的异构性。云计算利用虚拟化技术使不同的服务器、网络和应用等资源抽象成服务形式，屏蔽其各自差异，统一对外提供服务。另外，通过云计算的平台管理技术可以实现服务器协同工作。

(2) 海量数据的分布式存储与管理。使用分布式存储方式，云计算可以在智能电网中高效存储海量级别的数据，并能保证电网数据的可靠性。采用 Big Table 等技术，云计算可实现对各类电网数据的分析、处理以及高效管理。

(3) 快速的电力系统并行计算与分析。云计算具有高性能的并行处理及运行能力，可为智能电网高效计算与分析提供有效保证。

对云计算技术的研究，特别是云计算技术在智能电网中的应用研究尚处于探索阶段。除了云计算平台中需要解决的异构资源集成优化、资源虚拟化、云计算服务架构选择等基本关键问题之外，对于智能电网的要求与特点，还需要重点研究智能电网云端的调度和自愈性问题。

三、智能电网云端的任务调度

电力系统中常常有大量的计算任务。这些计算任务本身需要强大的计算能力，并且要求能得到及时响应，具有实时性。智能电网提出后，这种对实时计算资源的要求与依赖必然会进一步提高。引入云计算技术，用户在虚拟的平台上设计与提交计算任务。云计算平台将按照一定的算法与规则按需为计算任务分配计算资源。因此，任务调度系统是云计算平台中的重要组成部分。它要根据任务的信息采用适当的策略把不同的任务分配到不同的资源节点上去运行。由于云计算平台的基础设施具有异构性和动态性等特点，这就对网格的任务分配策略提出了严峻的考验。不好的任务分配策略势必会增加任务的执行时间，降低整个云计算系统的吞吐量。针对智能电网中不同类别的任务调度，要高效地分配利用分布式资源，就需要一些有效的调度算法。

近年来，启发式智能算法成为任务调度问题的一个主要研究方向。经典启发式算法主要包括 Min-min 算法、Suffrage 算法、遗传算法（Genetic Algorithm，GA）和模拟退火（Simulated Annealing，SA）算法。其中，GA 算法、SA 算法的复杂度较高；Min-min 算法以最快的速度减少调度队列中的作业，尽量缩短所有作业的完成时间；Min-min 算法会使系统负载不均衡，并导致 make-span 较大。

同时，用经济模型来刻画资源的供求关系也逐渐得到广泛的利用。澳大利亚的 Buyya 在计算经济体系结构（Grid Architecture of Computational Economy）时提出了一种 DBC(Deadline and Budget Constrained)调度算法。它与传统的启发式算法不同，在该算法中，任务的计算费用也作为一个重要的参数被考虑进来，并根据不同的侧重点分为时间最优化、费用最优化和保守时间最优化等，分别以任务的计算时间和计算费用作为主要目标进行优化。

但是，以上算法均是基于离线的信任管理模式，都是一次分配完毕便对任务进行固定的调度，不能顺应云计算环境中的计算任务和异构环境变化的特性，也不能解决网络欺诈等问题。在面向智能电网的云计算平台中，云端所要调度的任务环境是面向整个电力系统网络甚至是公有网络。因此，为适应智能电网信息平台环境中的动态性、实时性以及安全性要求，需要结合已有的各种研究成果，分析各种调度算法的优点与不足，研究动态的、面向智能电网的任务调度算法。

四、智能电网云的自愈性

智能电网不仅是为实现电力系统安全稳定、优质可靠、经济环保等要求而提出的未来电网发展方向，还是实施可持续供电战略的重要保障，具有融合、优化、分布、协调、互动、自愈等特征，如图 5.6 所示。其中，自愈是智能电网的标志性特征，目的是通过快速仿真决策、协调/自适应控制和分布能源集成，实现实时评价电力系统行为、应对电力系统可能发生的各种事件组合、防止大面积停电，并快速从紧急状态恢复到正常状态。

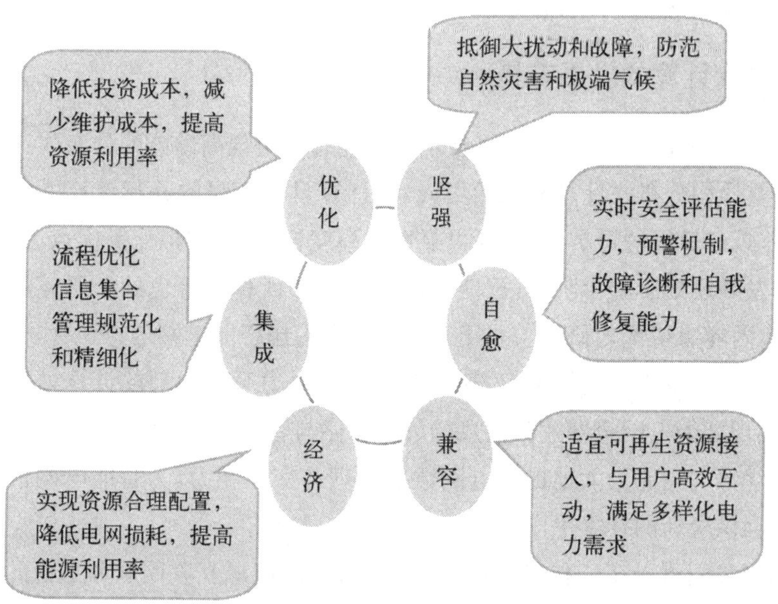

图 5.6　智能电网

目前，国内外学者都在积极探讨具有自愈能力的电网架构。有学者将电网的自愈划分为两个层面：一是元件层，二是系统层。元件层即电力网络的一、二次元件，如一次元件有断路器、变压器、FACTS装置等，二次元件有各类保护和自动装置等。元件层的自愈主要是针对某个局部设备的修复或替换。系统层则是针对系统中的故障进行自行隔离并自动完成不中断输电和供电的功能。它基于全系统的信息，以全系统能最大限度保证正常运行为目标并涉及对多个元件的处理。新的研究内容电力云是面向智能电网的，因此，也应充分保证服务平台的自愈性，保证在系统受到恶意攻击或者网络、基本设施出错失效时，依然能最大限度地保证系统的正常运行。

现有研究大部分集中在元件层或者对元件的直接控制上，而电力云最重要的意义在于利用分布式资源来完成大量复杂的电力系统计算任务。在电力云中造成系统内部出错的原因主要集中在网络故障、网络攻击和资源的临时失效等方面。这些错误都是可以恢复并且通过自愈机制来实现“透明化”的，因此，与传统的电力系统有所不同，而现有的自愈机制又无法直接应用。为此，研究一种面向智能电网云的自愈机制，实现基于云计算的智能电网信息平台的自愈性，主要通过两种手段（一是出错检测，二是出错之后的补偿算法），以实现计算资源的热交换，保证计算任务的顺利执行。

五、云计算的发展前景

云计算是近年来的一项新兴技术。它能有效实现高性能的分布式计算。通过对大量异构分布式计算资源的集成，云计算具有超强的并行计算能力和存储能力，并具有良好的可扩展性、高可靠性和高度自动化、虚拟化等优点。目前，云计算的发展还处于起步阶段，智能电网下构建云计算平台也处于研究的探索阶段，诸多内容有待深入研究。采用云计算技术构建智能电网信息平台，可以在现有电力设备基本不变的情况下，充分整合中国电力系统内部的计算处理与存储资源，实现智能电网全部业务信息的可靠存储与管理，具有成本低、可靠性高、易扩展等优势。它能极大地提高电网数据处理与交互能力，为智能电网信息平台的建设提供全新的技术手段。

当前我们可以充分利用体验中心组织并开展能源互联网服务平台的参观体验和培训交流推广活动。

（1）单项应用体验。参观者可以在体验中心，通过各种视听和多媒体交互形式，详细了解和体验分布式能源、电力交易、多售电体运营、灵活互动用电、需求侧管理等关键业务环节是如何具体应用数字化技术提升工作效率和服务质量。

（2）综合集成应用体验。用户可以认识和体验如何在电力全生命周期各业务实现产品信息的。

第三节　互联网环境下的电力消费体验中心建设

互联网环境下的电力消费体验中心在能源互联网及电力消费模式中，将发挥验、实训、科研、服务职能，成为一个能源互联网推广应用的创新载体。建设模式是：电力公司作为建设主体，整合现有的实验室、设备资源、数据资源、软件资源，形成电力消费服务软硬件集成平台，完成能源互联网电力消费模式与技术的学习、科研、体验，推动云平台在体验中心部署互联网环境下的能源互联网技术的推广与普及。在电力消费的基础软件平台和能源互联网虚拟环境中，利用云计算和大数据技术支撑体验中心智能化和网络化。电源企业、电力装备企业、售电企业等既可以在体验中心部署其服务，又可以开展服务创新和技术研发，同时将其解决方案或者智能装备以服务的形式在体验中心进行部署，协助完成体验中心的生产服务功能。

体验中心建设模式，其优势包括：

（1）电力公司作为建设主体，在基础条件设施、能源联网技术研究、智能设备、电力数据资源等方面具有优势，可以最大限度地降低体验中心建设的成本，发挥体验中心的作用。

（2）云平台的参与，既为体验中心配置了“互联网＋智慧售电”软环境，又有助于平台自身产品的用户体验和推广应用。

（3）电力消费生态体系各方的参与有助于为体验中心搭建真实的电力消费环境和交易模式展示，并成为企业的培训基地。

（4）协同与创新应用体验。企业可以利用公有云和私有云构建和部署移动互联的业务工作协同平台，实现 IT 资源集约化管理，降低运维成本，实现快速服务产品创新目标。

(5) 示范用户成功案例。参观者在体验中心还可以了解典型行业的解决方案和示范用户的成功案例等。

第四节 动态优化精准供电服务

据报道,河北省电力公司唐县供电分公司深入贯彻落实省市公司关于优化营商环境的决策部署,以"优化营商环境,助力转型发展"为主体,创新供电服务思路,围绕"一个中心",建立"两项机制",推出"三项服务",主动承担政治、经济、社会责任,大力转变工作作风,保证客户用上放心电、满意电、高兴电,以精准服务打造最优营商环境。

随着能源互联网战略推进及售电侧放开,将逐步形成竞争性的售电市场,供电服务需求由低级阶段向高级阶段发展,用户不仅需要更安全、可靠的供电服务,减少停电次数,还需要优化能效,提高电力消费体验,获得个性化的能源服务。第一,电力服务要着重于满足电网感知的基本服务需求,如提高电能质量、减少停电时长、加快接电效率、降低投诉频率等;第二,供电服务需要挖掘客户多元化延伸服务需求,如制定电生产策略、实时互动用电数据、设备代维与租赁等;第三,供电服务需要开展双赢的增值服务业务,如基于大数据和云服务技术的综合用能方案、综合能源管理、能源互联网运营等能源服务。

一、供电服务方面主要存在的问题

(一) 供电服务能力不足

当前业务报装流程固化,审批环节较多,接电进度受到电网容量、线路容量、变压器容量、保护定值设置、停电计划批复等因素影响较大,很难满足客户的快速接电需求,而且没有针对园区客户制订专项服务方案,不能做到及时满足政府和客户对多样化服务的需求,公司集体企业没有能够充分利用相对灵活的投资机制,未推广节能减排、综合能源管理、客户资产运维等服务项目,缺乏利用增值业务开拓市场的意识。

(二) 服务技术手段不足

现有的服务方式没有能够顺应"互联网+"时代发展的要求,消费、调度、运维等多个业务系统并行,信息资源不融合,无法实现客户诉求自动研判和服务指挥，精准调度，而且一线服务人员在与客户进行双向互动方面的服务技术能力还有所欠缺，现有服务客户端 APP 功能太过简单，业务报装、用电业务变更等也没有实现线上与线下相融合。

二、提升服务质量的方法

（一）构建供电服务热点、风险点预警模型和客户诉求分析模型

以 95598 业务系统，新型互联网互动服务渠道中的投诉、举报、报修、咨询业务和用电信息采集系统，配网系统中的停电事件、停电范围、业务报装等大数据信息为依据，把气候等外部环境影响因素纳入考虑范围，通过大数据分析技术进行数据预处理，再利用聚类、关联方法进行分析，构建供电服务热点、风险点预警模型、停电、耐力模型。

（二）用户画像与精准消费

从用户的静态属性和用电行为出发，进行客户画像，并进行针对性的群体分析，从客户细分角度出发，分析各类业务的变化趋势和类型转换关系，建立完整的客户诉求分类模型，识别用户内在需求，结合各渠道的特点和用户行为习惯，构建动态优化的用电策略和服务策略，为不同的客户提供主动服务和精准服务。

（三）创新供电服务流程

这些服务流程包括优化增容、减容、暂停、变更等用电业务的办理手续，减少冗余步骤，将关键步骤进行串、并、改，缩短业务办理的时间，实行园区报装业务“一次受理，一并办理”。允许用户选择按容量或按需量执行基本电费，放宽或变更周期限制。根据客户的不同需求实行配套的项目订单立项、接网方案菜单定制、工程物资筹备调配、工程建造模块装配、流程管控线上审批等。

（四）动态优化需求侧管理

整个电力系统的优化、能源效率的提升与需求侧响应资源的开发和利用相联系。在能源互联网背景下，电力企业通过大数据分析、用电诊断、信息挖掘等手段掌握用户的用能特点、负荷发展特性等，首先进行用户需求侧管理的潜力分析，从社会属性、用电行为两个方面，判断用户用电需求稳定性、需求响应敏感程度等，从而针对不同用户提供更为个性化的用电服务模式。实施需求侧响应能够使能源供给更为精细化，使能源供给与用户的实际用能需求更为贴合。

综上所述，提升互联网环境下电力企业供电服务质量，可以参见图 5.7。

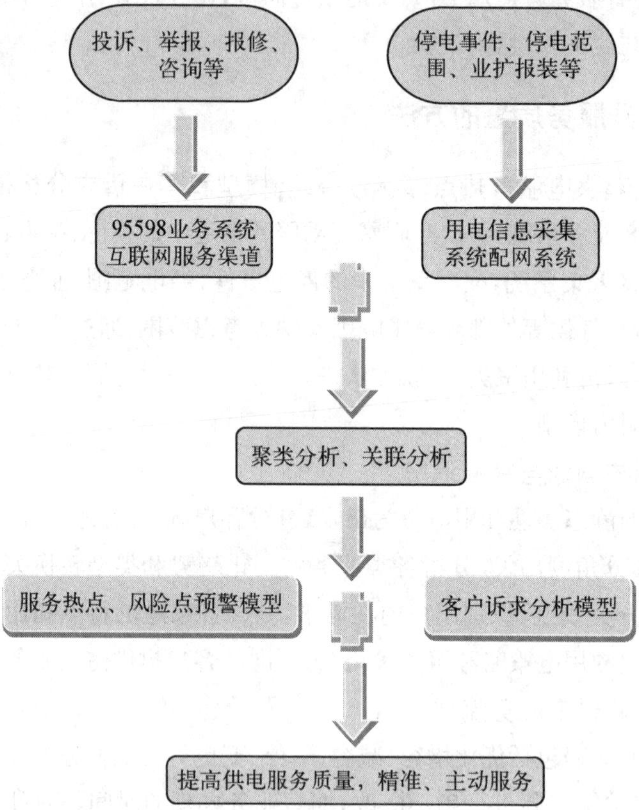

图 5.7　提升供电服务质量

第五节　基于大数据的供电服务质量评价体系

电力行业服务水平在一定程度上反映了社会发展水平。这就需要对电网公司的服务质量进行评价，因此，建立供电服务质量评价体系就有必要。建立供电服务质量评价体系，是以国家电网公司服务、生产、消费各系统的数据库为基础，凭借互联网上售电平台显示的供用电互动的相关数据，运用大数据分析技术把客户群体进行细分归类，同时整理供电服务能力指标，依据指标建立供电服务质量评价标准，形成供电服务质量细分评价体系。

运用大数据技术所建立的供电服务量分析模型，是解决不同客户之间差异化难题的关键。供电服务质量分析模型是研究供电服务质量评价体系的重要成分，利用传统的供电服务质量分析模型只能对普通客户进行分析。

想要对特定客户进行分析，就需要利用大数据分析技术来对客户进行分类。针对不同客户群，根据它们的特征，以原有供电服务质量指标为基础，再结合相关的服务质量分析模型，并对供电服务质量指标进行整理，同时利用大量的数据根据因子分析法来衡量指标的比重，再根据聚类分析来确定指标的标准，最终形成基于大数据的供电服务质量分析模型。供电服务质量评价体系参见图 5.8。

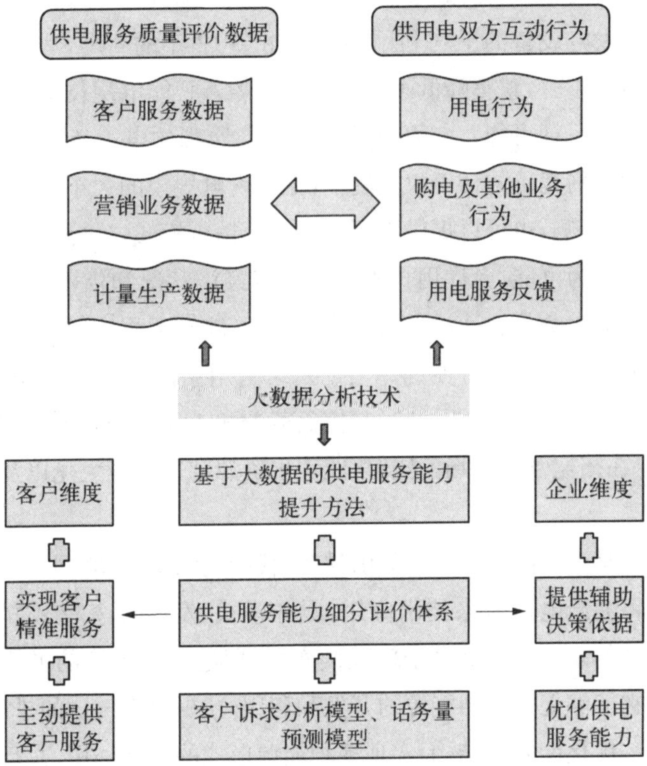

图 5.8　供电服务质量评价体系

根据电网公司对客户消费以及其他用电方面信息的收集等相关的大数据，依托现有三大评价体系并且结合服务理念，形成供电服务质量评价指标，通过运用定性、定量的统计分析方法来对供电服务质量评价指标进行归类，然后进行分析海量的电力数据，提取供电服务质量评价体系的关键因素，最终形成正规合理的评价方法和标准。对于定性指标采用定性分析方法,将历史数据和业务规则相结合,对电量指标运用定量指标分析方法,通过构建供电服务质量分析模型最终形成供电服务质量标准,实现对供电服务质量评价体系的动态调节。

第六节 电力消费服务展望

在经济新常态下,我国电力发展中存在发电设备利用率下降的问题,电力产能过剩的问题。2012～2015 年,我国发电装机容量严重超前增长,而且增速大幅度高于发电量的增速,导致发电设备平均利用小时不断下降。全国 6 000 千瓦及以上电厂发电设备的平均利用小时数由 2012 年的 4 572 小时一直下降到 2015 年的 3 969 小时,整整降低了 603 小时。随着智能电网技术的不断发展,电力网络营销成为一种可能。它可以提供给人们便利的电力市场。在发电侧,解决分布式电源上网竞价的话语权问题上,无论发电规模的大小,均可享有平等交易的机会;在售电侧,也可以提供不同种类电价销售模式,让分时电价、峰谷电价和绿色电价等成为可能,允许用户根据自己的经济状况和供电可靠性要求来选择适合自己的电力套餐。通过电力网络的营销,能够远程控制电器设备,真正地享受到智能电网带来的种种便利。借助网络营销手段,加强分散能源和储能设备的应用,优化广域营销资源,及时掌控负荷分配。通过资源灵活调配来规避购售电风险,并在拓宽营销市场的同时,能实现资源利用的最大化以及利益分配的合理化。

能源行业是第三次工业革命的引导者,智能电网是"互联网+"的具体表现。"互联网+"将会给电网带来技术应用、服务模式、发展理念等多方面的有利变化。智能电网的建设对于处理全球气候变化,促进世界经济的可持续发展具有重大意义。它能够促进清洁能源的开发和利用,减少温室气体的排放,推动低碳经济的发展。优化能源的结构,实现多种能源形式的互补利用,并且确保能源供应的安全及稳定。有效提高能源输送及其使用效率,增强电网运行的可靠性、安全性和灵活性。推动相关领域技术创新,促进装备制造和信息通信等邻域的技术提升,增加就业岗位,促进社会经济的可持续发展。

互联网与传统电网结合,能够利用互联网发展传统电网,增强用户体验感,促进价值共享,打破行业发展边界,提高能源利用率,实现真正意义上的能源资源共享。2009 年，国家电网公司正式启动智能电网建设，国家电网公司在电网智能化、信息化等方面已经走在前端。能源互联网必将成为电网发展的主要特征。

能源互联网可以通过分布式发电设备、储能设备、用电设备等环节部署各类能效监测终端、控制器、环境传感器、视频监控等采集控制单元，实现发电、用电、环境及安全数据的实时采集。在能源互联网的推动下，智能用电将得到普及，电力将实现智能化应用。未来的个人或工业将与电网形成良好的互动关系。客户与电网之间积极的互动能够提高用电能效，对电网的能效平衡也起到关键的作用。

未来的能源管理将以能源互联网为基础，以“保证区域能源可靠供应，实现区域能源协调互给”为目标，以电能为支撑，综合冷、热、电、热水等多种分布式能源，构建“源-网-荷”互动的区域型能源互联网络。它能够建立合理的能源分配网络，并且设计出有效的节能策略，降低用能开支，保障能源的持续可靠供应，保障终端用能的安全，从而实现区域中各种能源的协调控制和综合能效的有效管理。

随着智能用电的推广，客户能够通过手机实现能效分析、用电查询、电费缴纳、家电控制和与互联网互动等功能。如图 5.9 所示，智能电网的应用范围越来越广，用途越来越大。

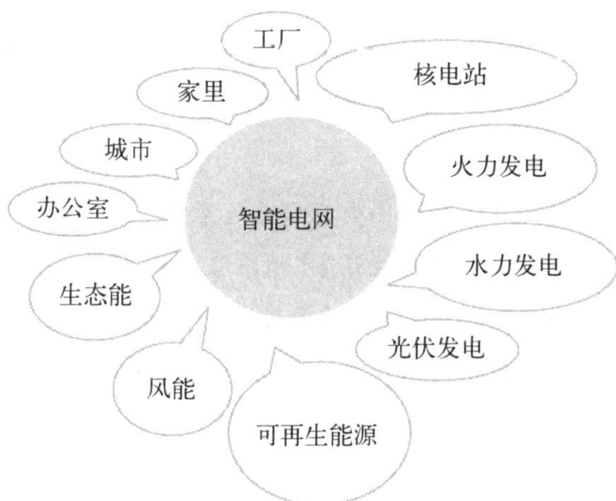

图 5.9　智能电网的用途

智能用电是以技术手段引导客户消费行为，为客户提供能效服务，使客户合理用能，提升能效管理水平。随着电力移动终端应用的增长，电力云技术应用将成为电网管理的技术关键。电力移动终端可直接面向电力营销服务、客户用能服务等方面。目前,很多电力装备已经实现了智能化改造,电网可视化和运行、运维网络化也将在不久之后实现。

“互联网+”电力营销会催生更多种类更新型的服务模式,电力服务模式在不远的将来终会产生显著的变化。移动互联网服务的方式将得到更加广泛的普及,客户与电网之间的双向互动将得以实现。随之而来的将会是电网发展理念的一场巨大变革。一方面,电能替代和绿色替代将成为能源发展的主力军,电能替代主要指“以电代煤,以电代油,电从远方来,来的是清洁电”;绿色替代就是指大幅度增长的水能、风能、太阳能等清洁能源以代替火电。另一方面,需求侧管理也将变得更加科学合理,分布式能源并网容量的增多也将会加大用电客户与电网之间的互动需求。智能用电、移动终端等的广泛使用同样将促进电网与用电客户之间的互动。这有利于供电侧做出更加合理的调度判断,使用电需求更加科学合理。

思考题

1. 简述大数据智能分析技术在电力消费方面是如何应用的。

2. 课后查阅资料,说说大数据智能分析技术在其他方面都有哪些应用。

3. 如何将智能电网与云计算技术更好地结合?

4. 什么是云平台?请简述。

5. 电力消费服务云平台在近年内有哪些发展?

6. 根据永寿县供电分公司积极开展“精准服务提短板,优化创新零投诉”主题宣传活动,简述动态优化、精准服务的手段和意义。

7. 简述如何用大数据技术构建供电服务质量评价体系。

8. 谈谈您想象中未来电力消费服务的模式,并说出实现这种模式的具体操作流程。

参考文献

[1] 白杨，谢乐，夏清等. 中国推进售电侧市场化的制度设计与建议[J]. 电力系统自动化，2015(14)：45－46.

[2] 朱文昊，谢品杰. 基于CYaR的峰谷分时电价对供电公司购电组合策略影响分析[J]. 电力系统保护与控制，2015(14)：342－343.

[3] 龚贺，池少宁，徐杰等. 智能化管理在电力营销档案中的应用策略研究[J]. 低碳世界，2016(24)：43－44.

[4] 高峰. 电力营销现代化建设现状与前景探究[J]. 科技资讯，2016(13)：80－81.

[5] 张虎元. 新时期电力营销现代化建设现状与前景分析[J]. 电工文献，2016(16)：32－33.

[6] National Palmer，peter schooff，Lloyd Dugan，Charles Farina. *Passports to Success in BPM*，2014：102－105.

[7] Michael Ambrust，Armando Fox，Rean Griffith，A view of cloud computing，*Communications of the ACM*，2010，53(4)：50－58.

[8] Bosheng Zhou，Research on Workflow Patterns Based on jBPM andjPDL，2008，128－137.

[9] Papagianns G，Dagoumas A. Economic and Environment Impacts From The Implementation Of an Intelligent Side Management System at the European Level. *Energy Policy*，2008，36(1)：163－180.

[10] 边晓棠. 精细化管理在电力营销管理中的应用[J]. 环球市场信息导报，2015 (8)：36－37.

[11] 邓琳. 电力营销策略与供求关系分析[J]. 电子制作，2015，(11)：23－28.

[12] 刘洪斌，韩佳. 电力营销全过程电费风险管理分析[J]. 山东工业技术，2015 (18)：149.

[13] 张兆光. 试论供电企业电力营销管理缺陷及完善措施[J]. 中国高新技术企业，2015 (5)：175－176.

[14] 巫元虎. 用电信息采集系统在电力营销中的运用[J]. 中国新技术新产品，2015(3)：

58－59.

[15] B. Zhao，C. X. Guo，B. R. Bai. An improved particle swarm optimization algorith-m for unit commitment. *Applied Mathematics and Computation*[J]. 2007，193(1)：231－239.

[16] Jiang Yan，Hu Tiesong，Chong Chaohuang，et al. An improved particle swarm optimization algorithm. *Applied Mathematics and Computation*[J]. 2007，193(1)：231－239.

[17] S. Titus，A. Ebenezer Jeyakuma. A Hybrid EP－PSO－SQP Algorithm for Dynamic Dispatch Considering Prohibited Operating Zones. *Electric Power Components & Systems* [J]. 2008，36(5)：449－467.

[18] Swarup. K. S，Yamashiro. S. A genetic algorithm approach to generator unit commitment. *Electrical Power and Energy Systems*[J]. 2003，25(9)：679－687.

[19] CoelhoLdS，MarianiVC. Combining of chaotic differential evolution and quadra-tic programming for economic dispatch optimization with valve point effect. *IEEE Transactions on Power Systems*[J]. 2006，21(2)：989－996.

[20] 金生祥.火电厂经济负荷调度的前景分析[J].华北电力技术，1997(2)：50－52.

[21] 李学斌.机组负荷分配的多目标优化和多属性决策[J].电力系统及其自动化学报，2010，22(1)：143－145.

[22] 夏可青，赵明奇，李扬.用于多目标无功优化的自适应遗传算法[J].电网技术，2006，30(13)：55－60.

[23] 卓峻峰，赵冬梅.基于混沌搜索的多目标模糊优化潮流算法[J].电网技术，2003，27(2)：41－49.

[24] 丽莎·亚瑟.大数据营销[M].北京：中信出版社，2014.

[25] 陈衍.电力系统分析[M].北京：中国电力出版社，1998.